KB170565

걷다가
춘다을
생각하
다

걷다가 그대를 생각한다

김동규 · 홍순연

SOYOYOU

걷다가 근대를 생각하다

근대는 익숙하던 기존 마을, 집, 길, 교육, 의료, 직업 등 일상 전반을 새롭게 변화시킨 시대다. 『부산 원도심은 페스트리다』(소요-You, 2014)에서 보듯, 그 근대의 변화를 가장 잘 재현한 그림이 몬드리안의 기하학적 회화일 것이다. 서구발 근대는 처음부터 우리가 자연스레 수용할 수 있는 수준은 아니었다. 아마도 근대가 '변한다'는 의미에서 출발한다면, 우리의 근대도 새로운 세상을 만든다는 점에서 서양과 같은 의미일 수는 있으나, 우리에게 근대는 그보다 좀 더 낯설고 강렬한 의미로 다가온다. 우리에게 근대는 서세동점이라는 서양의 침입과 연결되어 있고, 이를 방어한다는 대의로 일제가 행사했던 식민지 폭력과 연결되어 있으며, 개발을 빌미로 이로운 옛것마저 부끄럽게 여겨 폐기했던 강박, 그래서 무조건 새로운 것으로 갈아치워야 한다는 강박적 토건과 산업화 담론과 연결되어 있다. 덕분에 근대에 대한 우리의 감각은 새로움에 대한 기대와 맹신이 주는 희망, 그리고 그 반대편에 추방과 폐기에 대한 두려움으로 얽혀 있다. 이 글은 그 근대의 결이 부산에 새겨둔 상흔을 더듬고 있다.

몇 가지 생각나는 요소들을 나열해보자. 근대라는 말은 라틴어 모데르네moderne에서 유래한다. 모데르네라는 말은 새롭다는 뜻이다. 새롭다는 말은 상대적인 말이니, 근대는 반드시 새롭지 않은 것, 즉 구식을 전제할 수밖에 없다. 서양에서는 그것이 중세였다. 그럼, 중세와 다른 근대의 새로움이란 무엇일까? 그것은 신의 세계에서 인간의 세계로 전환된 것 아닐까? 그것이 신성모독으로서의 세속화profane이든, 신이라는 주인에서 인간이라는 주인으로 소유권을 이전했다는 뜻의 환속화secularization든 말이다. 중세의 중심이 신이고 이 신에게 도달하는 인간의 방법이 영성과 계시였다면, 이 영적 세계에 대항해서 내세울 수 있는 새로운 지성의 카드는 이성과 합리성이었다.

사회계약론자 토마스 홉스에 따르면, 이성을 영어로 이성reason이라 표기하든, 합리성rationality이라 표현하든, 이 말의 공통적인 의미는 '계산능력'이다. 우리는 이성을 흔히 인간 정신의 능력이라 생각하기 십상인데, 그러한 상식적 생각에 덕지덕지 붙은 지방을 제거하고 나면, 정작 남는 것은 계측, 계량, 측정, 예측, 통제, 규격, 가격, 판매, 교환과 같은 앙상한 가지들뿐이다. 근대철학을 열었던 데카르트가 정작 뛰어난 수학자였고 동양의 대수학을 서양에 소개하면서 '무한급수'의 공식을 발견했다는 사실만 봐도, 근대는 '수와 계산의 권능'에 기반을 두고 출발했다고 해도 과언은 아니다. 계산능력이 중시한 최고의 덕목은 정의가 아니라, '효율성'이다. 최소한의 투입과 최대한의 산출로 세계를 조율했던 효율성의 원칙이 지고의 신성을 대체했던 것이다.

신성을 대체했다고 해서 신성이 소멸한 것도 아니다. 계산능력에 바탕을 둔 이성이 스스로 '신의 권능'과 '신성'을 자처했기 때문이다. 결국 서양의 근대는 진정한 신성의 소멸profane에 이르지는 못하고 신성을 담당한 주인만 바꾸었을 뿐이다. 그러니 근대화는 신의 재산을 국가의 재산으로 환속시킨 의미에서 세속화secularization였다. 신의 권위를 전유한 이성은 자신의 서술어에 신의 서술어를 달기 시작했다. 이성적 능력은 제한이 없다. 제한 없는 이성적 탐구를 중시한다는 점에서 이성의 잠재력은 무한하다. 그렇다면 이성의 능력만 제대로 작동된다면, 인류의 역사는 진화와 발전을 거듭하게 될 것이다. 그러므로 역사의 발전 역시 무제한이다. 인간의 이성이 탐구하지 못할 것은 없으며, 인간의 이성이 도달하지 못할 곳도 없다.

무한한 역사적 진보는 '희망'을 약속한다. 이성을 대표하는 과학이 인류에게 무한한 희망을 가져다줄 것이다. 덕분에 과학자는 인류에게 유토피아를 선물할 것이고, 이성적인 탐정은 합리적 추리를 통해 그 어떤 미결 범죄도 남김없이 해결해나갈 것이며, 교육은 이성의 점진적 계발을 통해 끝내 우리 안팎의 야만을 몰아내고야 말 것이다. 문학 역시 근대의 정신을 예찬하기 바빴다. 유토피아 문학이, 탐정 문학이, 계몽주의 문학이 그랬다. 근대문학은 이성의 권위를 기록하고 예찬하는 일종의 성서였다.

신의 위치를 차지한 근대의 정신은 이처럼 무한성이라는 신의 이름을 얻었고, 신의 은총은 이제 합리화, 정당화라는 이름으로 개명되었다. 덕분에 이성의 신성에 가까이 간 '합리적' 인간은 비합리적 인간 위에 군림할 수 있었고, 그들이 건설한 문화는 문명으로 신성시되었다. 이제 비합리적 인간과 야만은 강제 개조되거나, 훈육되어 근대성에 포함되거나, 아니면 야만의 이름으로 추방되었다. 근대 문명의 건설은 중세적 선교의 근대적 표현이 되어야 했고, 문명 건설을 향한 근대인의 선교적 의지는 내·외부의 이교도(야만)를 몰아내야 했다.

근대적 합리성 또는 근대의 정신은 무제한이라는 은총의 이름을 얻었으므로, 근대정신은 한 국가에 결코 '제한'될 수 없었다. 국가 외부의 야만(악)이 근대화된 문명(선)에 악영향을 미칠 수 있으므로, 외부의 야만 역시 근대의 이름으로 축출되거나 정복되어야 했다. '근대화'라는 숭고한 미션은 내부적으로는 '개발독재 미화'를 위한 대의가 되었고, 외부적으로는 '제국주의−식민주의 미화'를 위한 대의가 되었다. 근대는 그렇게 안팎으로 '자비로운 폭군'이 될 수 있었다.

자비로운 폭군이 새겨둔 야만의 상처가 어디에 새겨져 있냐고 묻는다면, 나는 제일 먼저 산복도로를 말하고 싶다. 부산의 산복도로는 인도와 차도 그리고 골목 이 혼연일체가 되어 있는 생활 길이다. 물론 주차장이 되기도 하고, 때에 따라 마당도 되며, 심지어 아미동 비석마을처럼 죽은 사람들 사이(또는 위로)로 새겨진 산 사람들의 오솔길이 되기도 한다. 산복도로는 얽히고설킨 물길이 복개(覆蓋)된 길이기도 하다. 수정동이 대표적이다. 아래로 물이 흐르고 위로는 사람과 물류가 흐른다. 그만큼 많은 이야기가 새겨져 있고 지워졌다. 이미 많은 이야기가 거길 흘러들고 났다.

좁디좁은 길이 여러 가지 용도로 쓰인다는 것은 부산을 모르는 사람들에게는 길의 효율성이 극대화된 것으로 비칠지 모르나, 이미 기하학적 효율성을 과감히 어기고 있는 그 길은 전근대적이기도 하며 포스트모던하기도 하다. 부산을 조금이라도 아는 사람에게 산복도로는 갖가지 상처가 얽히고설킨 증거, 중층 모순의 표현이자 폭발이다. 산복도로 일대는 일제 강점기 원도심의 원심력이 튕겨낸 추방지로, 해방 시기에는 귀향의 구심력이 작동하던 곳으로, 남/북 전쟁 시기에는 전쟁 폭력이 미치지 않던 피란처였다. 또 전후에는 발전의 기대를 안고 오던 이들을 끌어당기던 개발 블랙홀의 중심 지대이자, 발전의 기대에 못 미친다고 간주된 잉여 인구를 강제로 도시 외곽으로 튕겨내던 추방의 중심지였다.

이처럼 산복도로는 개발의 신화와 상처를 동시에 안고 있는 부산만

의 고유한 알레고리다. 근대를 식민성과 함께 고려하면서 배제된 존재
들을 통해 근대성의 문제를 드러내야 한다는 주장, 그런 의미에서 '식민
지적 차이'라는 개념을 사용해야 하며, 경계 지식의 생성이 중요하다던
월터 미뇰로의 주장이 부산에서는 산복도로라는 물리적 현실로 드러난
다. 산복도로를 부산의 알레고리로 사용할 만한 이유는 산복도로가 부
산의 특정한 지대만을 의미하는 것을 넘어 부산 전체를 드러내기 때문
이다.

근대 도시 부산의 상처이자 정체(전체)를 드러내는 미시적 소재는 비
단 산복도로만이 아니다. 발터 벤야민의 새로운 천사angelus novus마저
구제하지 못한 숱한 과거의 파편을 안타까운 시선으로 쳐다보듯, 근대
라는 자비로운 폭력이 새겨놓은 상처는 부산 곳곳에 파편으로 흩어져
있고 구제를 기다리고 있다. 나락한알과 예술잡지 〈B-art〉가 부산을
걷게 된 이유도 바로 이 폭력의 결을 한 올 한 올 가늠하기 위해서였다.
그리고 그 결을 끊어버리고 싶었다. 근대의 힘은 도대체 누구에게 자비
였고, 누구에게 폭력이었을까? 치료와 개선인 줄 알았던 근대는 누구의
착각이었고, 또 누구를 병들게 했을까?

우리가 걸은 길은 도시 계획이 배제하고 지우려던(지우고 있는) 곳이
었다. 그래서 지도에 남지도 않았던 근대의 그림자 지대였다. 발전과 근
대화라는 이름이 내버린 잉여의 지대, 거기서 근대의 정신을, 도시 부
산의 파국을 볼 수 있었다. 니체는 『반시대적 고찰』에서 동시대인을 그

시대와 시차를 두고 그 시대를 어긋낸 사람만이 동시대인이라고 언급한다. 아감벤은 같은 맥락에서 시대의 어둠을 보려고 한다. 푸코는 시대를 '거부'하는 사람이 바로 '존재의 미학'을 구축하는 창작자라고 한다. 이처럼 다양한 사상가들에 따르면, 그 시대의 주류가 아닌 비주류, 그 시대의 양지가 아닌 시대의 그늘을 직시하는 것이 그 시대의 정체를 보는 것이며, 시대의 정체를 보는 존재가 바로 '주체' 또는 사람을 작품으로 만드는 '예술가'의 자리를 차지할 수 있다고 했다.

우리는 스스로 도시 부산의 어둠을 선택함으로써, 어긋난 길을 걸었고, 그 길을 걸으면서 도시 부산의 정체를 보는 동시대인이자 주체가 되고 싶었다. 그리고 우리는 새로운 것을 상상하고 싶었다. 거기서 얻은 첫 번째 명제가 바로 "부산 원도심은 페스트리다"였다. 이 명제는 원도심 순례를 위한 첫 번째 책의 제목이 되었다. 부산의 원도심은 결이 많다. 그 결 각각이 시간의 흐름 속에서 아주 바싹하게 익었다. 그래서 제목으로 부산 원도심 이야기 결의 바싹함을 전달하고 싶었다. 이제 우리는 그 두 번째 명제로 넘어가려고 한다. "도시 부산 근대성의 상처들"이 그것이다. 부산의 근대를 걷다가 상처의 결을 보았고, 이를 어루만지게 되어 생긴 명제다.

민주시민교육원 나락한알이 지역, 근대, 상처를 키워드로 하여 도시를 산책하고, 지금은 폐간된 예술잡지 〈B-art〉에 1년 남짓 이 과정을 연재한 결과, 이 책을 출간하게 되었다. 지역에 새겨진 상처를 쓰다듬다 보니 자연스레 근대의 이면을 생각하게 되었고, 그 결과 이 책의 제목이 정해졌다. 건축을 전공한 홍순연과 철학을 전공한 김동규가 시민과 함께 걷고 상상하고 성찰하면 대화를 나눈 결과물이기도 하다. 소요-You 출판사 박윤희 대표는 이 책의 출간을 과감히 수용해주었다. 소요-You는 지역을 기억하고 기록하는 작업에 열심인 출판사다. 덕분에 밑 빠진 독에 물 붓는 출판사이자, 계란으로 바위를 치려는 출판사다. 그런 출판사의 이름이 소요유逍遙遊라니 아이러니하고도 격렬한 에너지가 느껴진다. 그 에너지가 이번에 이 책으로 흘러든 것이다. 심심한 감사의 말씀을 드린다. 그 외에도 우리와 함께 걸어주시고, 원고를 잡지에 싣도록 도와준 많은 동료들이 있다. 함께 애써준 동료에게도 감사의 말씀을 전한다.

사실, 이 책을 마무리하며 서론을 쓰는 중에도 도시는 재생과 재개발이라는 이름을 달고 지우고 덮어쓰기를 반복하고 있었다. 여기 서술된 풍경도 예외는 아니었다. 지하철 옆자리서 우연히 인사를 나눈 한 외국인 관광객은 곳곳에서 벌어지는 건설을 보며 부산이 매우 역동적인 도시 같다고 했다. 이 말에 나는 매우 복잡 미묘한 감정이 들었다. 그 역동성은 생산적 활력일까 파괴의 폭력일까.

마치 거대한 하드웨어처럼 도시는 도시민의 삶과 생활을 곳곳에 새겨 두었을 것이다. 원해서 새긴 것이든, 원하지 않는데 새겨진 것이든, 도시를 산책한다는 것은 이렇게 지우고 덮어쓴 상흔을 더듬어 가는 회상의 작업이자 치유와 성찰의 작업이다. 작은 바람이 있다면, 독자들이 책을 읽어 가면서 먼저 걸었던 우리와 함께 도시의 상흔을 어루만질 수 있기를 바란다. 아울러 각자의 손길로 치유를 상상하기를 바란다. 도시는 우리의 실천과 상상으로 만들어가는 집합적 작품이니까. 이제 책장 하나 넘겨 그 출발점에 서보자.

차 례

서 문 걷다가 근대를 생각하다 • 5

우암동 적기마을 • 15

가덕도 외양포 • 31

한성은행에서 봉래동 창고군까지 • 53

옛 비료창고는 무엇이 될까 • 73

지도에서 누락된 것들 • 93

영도, 희망과 상처의 이중인화 • 113

에피소드 1

수정동 산복도로, 어느 골목의 기억 도시의 상상 • 133

에피소드 2

우키시마의 세월 • 145

나가며 걷다가 근대를 생각하다 사용설명서 • 152

우암동 적기마을

안개와 비는 다양한 힘 관계의 결정체다. 지상의 수분이 열과 만나 증발하고, 고기압과 저기압이 만나거나 찬 공기와 더운 공기가 만나는 다양한 힘들의 길항관계가 비가 되고 안개가 된다. 경계 지대의 혹독함을 비와 안개로 표현한다면, 우암동 적기 역시 근대성의 호우 전선이 강력하게 형성되었던 곳이다. 마침 우리가 기행을 하던 그 날도 적기에는 비가 내리고 있었다.

근대도시 부산과 인구

근대도시 부산은 어떠한 미래상으로 그려졌을까? 1930년대 후반부터 일본은 장기적인 식민지 도시를 구축하기 위해 다양한 통계를 바탕으로 조선의 도시계획을 시작한다. 당시 조선시가지계획령[1]에 따르면 부산은 1960년에 이르면 약 30만 명의 인구를 수용할 수 있는 규모가 될 것이었다. 이를 바탕으로 부산시는 1937년에 영선정, 범일정, 부전정에 대한 토지구획정리사업을 지정 시행하여 향후 부산에 유입될 인구에 대비하였다. 기존 원도심의 공적 성격과 상권을 중심으로 구성된 도시구조를 점차 주거지와 결합한 형태로 시가지 확장을 계획하고 있었던 것이다.

하지만 45년 해방이라는 사건이 터졌고, 수많은 귀환 동포가 일본에서 유입되기 시작하여, 1947년에 약 47만 명의 인구가 부산으로 귀환하기에 이르렀다. 이전에 수립된 도시계획의 용량을 초과하는 인구가 유입된 것이다. 여기에 한국전쟁까지 발발하자, 부산은 51년에 629,000명, 52년에는 889,000명, 56년에는 약 100만 명의 인구가 거주하는 거대도시가 된다. 부산은 이러한 인구를 수용할 만한 기반 시설이 없었고, 마땅한 주거지도 없었다. 부산은 상당한 난관에 부딪혔다.

이 난관을 헤쳐나가기 위한 최선의 방법은 가장 넓은 공장, 극장 등의 대규모 건축물을 선정하여 여기에 난민을 수용하는 것이었다. 그 대표적인 곳이 바로 영도대한도기주식회사이며 그 외에 청학동, 남부민동, 괴정 등 부산의 외곽지역에 수용소를 건립하여 수용계획을 세웠다. 하지만 이 계획 또한 수용할 수 있는 인원의 한계를 넘어, 피난민들은 스스로 주거지역을 찾을 수밖에 없었다. 정부의 행정력으로는 유입 인구의 생존을 보장할 수 없었던 것이다. 근대화의 가면을 쓴 제국주의 폭력과 전쟁을 통해 대량의 벌거벗은 생명이 유입되고, 행정의 공백과 행

---

1. 1934년 6월 20일 총독부령 제18호로 "조선시가지계획령"에 제정 발포되었다. 7월 27일에는 총독부령 제78호로 시행규칙도 발포하였으며 이 내용은 주로 기성시가지 확장과 신시가지의 개척에 중점을 두고 있으며 지역 및 지구의 지정과 건축물의 제한, 토지구획정리, 지방행정청의 관리 등의 들어있다.

정의 예외 상황이 지속 또는 반복되었다. 이를 감당하지 못하던 혼돈 속에서 근대도시 부산은 허물어지고 다시 짓기를 반복하여 자기 몸에 상처를 새기고 있었다.

예측을 불허하는 인구의 대량 유입으로 인해 60년대 이전 부산은 체계적인 주거 정책을 마련할 수 없었다. 당연히 부산의 도시 상황 및 행정은 매우 혼란스러울 수밖에. 현재 부산의 열악한 주거 형태 그리고 도로 상황 역시 결코 이와 무관치 않다. 해방 후 인구의 유입, 전쟁으로 인한 인구의 유입, 그에 걸맞은 행정력의 부재가 근대도시 부산에 언제 그칠지도 모를 장마전선을 형성하기 시작했다.

습지, 예외들을 위한 장소

부산은 유입인구들을 위한 주거 문제를 구호주택사업으로 해결해보려고 했으나, 영도의 청학동 봉래동, 양정동, 범전동에 국한된 주택사업으로는 겨우 7만 명을 수용할 수 있을 뿐이었다. 이미 귀환 동포만 47만 명이 된 상황에서 이런 식의 주택사업으로는 문제를 해결할 수 없었다. 이에 대한 해법은 부산의 넓은 땅을 찾는 것이었고, 그곳이 항만, 철길 주변, 해변 등이었다.

이도 저도 아닌 경계, 마치 물과 땅이 만나는 넓은 경계인 습지 같은 곳이 새로 유입된 예비 부산 시민들(?)을 위한 터전이 되었다. 특히 노동력을 많이 요구하는 항만 부근(일터도 되고 주거지도 되는 경계지), 날품을 팔 수 있는 시장 주변(시장은 늘 접점에서 형성된다.), 주거지가 아니었던 산을 주거지로 변모시키고(주거지와 비주거지의 중첩), 망자의 자리였던 공동묘지에 살아 있는 사람들이 자리를 잡는(삶과 죽음의 중첩) 등, 새로 들어온 사람들은 경계지 또는 이중의 공간에 자신의 터를 잡았다. 물과 뭍이 만나는 습지 같은 곳을 이중 지대라 말할 수 있다면 지금의 감천동, 남부민동, 신선동, 청학동, 봉래동, 범천동, 부전동, 전포동, 연지동, 괘법동, 괴정동, 감만동, 우암동 등이 바로 그런 이중 지대로서 습지다. 추방되고, 탈출하고, 피신하려던 예외들이 이런 습지에 둥지를 틀었다.

우암 또는 적기

일제강점기 당시 감만동과 우암동 일대를 적기 혹은 적기반도라 불렀는데, 1980년대 초까지도 적기라는 이름이 사용되었다. 1982년 5월 1일 자로 적기1가는 문현동, 적기2가는 우암동, 적기5가는 감만동에 편입되었다. '적기赤崎'라는 지명은 일제강점기 때에 붙여진 감만동의 다른 이름이다. 1740년에 간행된『동래부지東萊府誌』와 이후 간행된『동래부읍지東萊府邑誌』에는 적기라는 지명이 보이지 않는다.

일제강점기 감만동을 적기라는 이름으로 부르게 한 이유에는 여러 가지 설이 있다. 감만이란 옛 이름이 오랑캐를 물리친다는 뜻이기 때문에 이 이름을 사용하지 못 하게 하고 아까사끼(적기)란 이름을 사용하게 했다는 설과, 일제강점기 때 산에 나무가 없었는데 오엽이산(현재의 홍곡산)이 황토 산이어서 멀리 바다에서 보면 전체가 붉게 보여 적기라 불렀다는 설이 있다. 실제로 일제강점기 때에는 이 산의 흙으로 벽돌을 만드는 공장이 1937년까지 있었다고 한다. 또한 바다에 있는 철분이 많은 바위가 오랜 풍화작용으로 붉은색을 띠고 있어서 그렇게 불렀다는 설도 있다. 감만 마을에 사는 사람들은 '감만'이라는 뜻에 자부심이 대단해서 적기라는 표현 자체를 쓰기를 꺼린다. 또 우암 마을 사람도 우암 마을의 일부가 일제강점기 때 적기라고 불리었다는 사실을 썩 유쾌하게 생각하지 않는다. 그래서 외부 사람들이 우암 마을이나 감만 마을을 적기라고 하든지 우암 뱃머리를 적기 뱃머리라고 잘못 부르면 반드시 수정해서 부르도록 지적하곤 한다.

또 하나의 이중 지대: 소 막사에서 집으로

특히 우암동은 일제강점기 일본으로 수출하는 적기 항구변에 위치하고 있어 축사 검역소가 있던 자리다. 당시 계류와 관련된 시설물은 조선흥업주식회사에서 관리하였으며 검역 관련 시설물은 조선총독부에서 직접 담당하여 운영하였다. 당시 이 시설물은 우사 19동과 사료조리소 7동으로 구성되어 있었다. 이후 부산진 매축과 관련하여 적기까지 항만시설 정비가 이루어지면서 마을 앞에 철도가 부설되고 간선도로가 확장되어 정비되었다. 적기뱃머

1946년

1965년

2016년

리라는 당시 지명은 현재도 우암동이라는 이름을 대신하여 여전히 사용되고 있다.

우사는 일제 강점기 때 청진과 부산 두 곳에 배치되었으며, 대부분이 군용으로 사용되던 곳이었다. 적기의 우사는 만주, 일본으로 소를 보내기 전 검사를 거치기 위해 만들어졌다. 다시 말해 전국의 우수한 소를 모아 수송하기에 앞서 일주일에서 열흘 정도 임시로 보관, 관리했던 것이다. 소 막사는 총 2칸으로 구성되어 있으며 한 칸에 60마리 정도를 수용할 수 있었다. 적기에서 1년에 약 12,000마리의 소가 실려 나갔다.

해방이 되자 적기의 우사는 미군정을 통해 어느 정도 정비되었으나, 귀환 동포들이 우사 시설을 점유하여, 해방 초기 우암동은 미군 주둔, 귀환 동포, 한국전쟁으로 인한 피란민 수용에 이르기까지 실로 다양한 인구들과 힘들의 길항관계를 형성하던 다중 지대였다. 이러한 흔적을

고스란히 간직한 곳이 바로 우암동의 아신 아파트다. 현재 우암동 아신 아파트 자리는 예전 소 검역소가 있던 자리였고, 아신 아파트 아래 지역 이 소 막사였다. 소 막사 터는 소 검역을 체계적으로 관리하고자 근대도 시의 구조처럼 구획화되고 모듈화되었다.(21쪽 사진 참고)

대부분의 막사 구조는 목조트러스 지붕구조에 박공을 씌웠으며 지붕 위에는 환기구를 설치하였다. 외벽은 기본 가새[2]로 틀을 만들고 그 위 에 250mm~300mm 정도의 얇은 널빤지를 비늘판벽으로 붙인 단층형 이었다. 이렇게 구성된 소 막사는 해방 이후 귀환 동포와 피난민들이 주 거하기 위한 주택으로 개조되기에 이른다.

우암의 주거 형태는 소 막사의 대들보를 기준으로 이를 반으로 잘라

---

2. 가새는 건축용어이다. 가새는 좌우 두 기둥과 상하의 보 또는 토대로 짜인 벽체 구조에서 대각선 방 향으로 지른 나무 막대나 쇠. 강풍이나 지진 등에 견디도록 힘을 보강해 준다.

사진에 보이는 흰선까지 우막사 한 동이었고, 나머지는 우마차가 다닐 수 있을 정도의 길이었다.

서 칸막이를 해서 한집 당 4.5m×3.4m 규격으로 약 4~5평 정도 사용
했다. 당시 5평에 평균 5~6명이 기거하였다. 처음에는 인근 합판공장
에서 가지고 온 합판 조각으로 가벽을 치고 바닥은 가마니로 정리하여

살던 장소가, 1963년 적산불하 정책에 따라 가구별로 필지를 분할하여 거주민들에게 지적地積불하 됨으로써 증·개축이 가능해졌다.[3] 수직과 수평으로 진행된 증·개축이 지금에 이른다.

이때 증축이 수직적으로도 이루어져, 우암동에는 자연스럽게 다락방이 있는 집들이 많이 생겼다. 그리고 소 막사를 중심으로 수평으로 좌우 증축함에 따라, 소 마차가 오가던 정비된 길들은 좁은 골목길로 변모하게 된다. 이때가 우암동의 전성기였다. 사실 인근에 성창기업, 동명목재, 태창목재 등 인근의 부두하역 및 목재공장에서 일하는 노동자들이 유입되면서 좁은 다락방에 사글셋방이 성행하고, 잠만 자는 노동자 4~5명이 한 공간에 거주하면서, 좁은 5평 남짓한 다락방에 약 10~12명이 거주했다.

우암은 예전의 상처를 딛고 상당한 경제적 잠재력을 지닌 장소로 변모했다. 덕분에 80년대까지 우암에서 돈을 꽤 번 사람들이 대연이나 남천동 인근의 부촌으로 이사를 가기도 했다. 현재 우암동은 화재 및 증·개축에 따라, 약 2개 동에만 그 흔적을 남겨놓고 있다. 그래도 여전히 골목길 사이에 들어서면 일본식 기와와 환기통이 솟아있는 지붕, 비늘판벽으로 구성된 주 출입구의 모습을 볼 수 있다.

이처럼 우암동은 동물과 인간의 이중 자리였고, 온갖 힘들이 교차하던 경계 지대였다. 우암동은 실로 치열한 생의 터전이자 새로운 활력이

---

3. 적산은 적의 재산을 말하는 것이다. 따라서 적산불하정책은 일제가 남긴 재산을 국가가 민에게 매각하는 정책을 말한다.

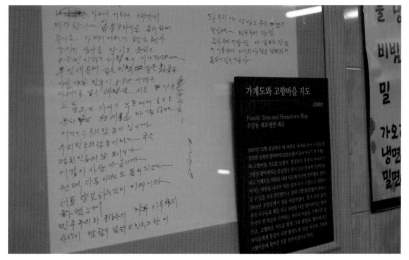

싹트던 생명의 터전, 날것 그대로의 흔적을 간직한 삶의 터전이다. 그러한 생의 경계와 활력을 지금의 우암 시장이 여전히 간직하고 있다. 우암은 자연의 자리가 인간의 자리가 되면서 새로움의 활력(대한민국 1호

밀면이 탄생한 곳이 우암의 내호냉면이다.)을 가진 곳일 수도, 혼란스러운 생의 전쟁에서 밀려난 패잔병들을 위한 수용소일 수도, 아니면 이 이중성을 모두 가진 곳일 수도 있다. 우암은 근대성에 깃든 전근대 또는 탈근대라는 복잡한 얼굴을 하고 있다. 이 힘들이 세긴 우암의 흔적이 상흔傷痕이 될지, 성흔聖痕이 될지도 여전히 미지수다.

그러나 이것만은 기억하자. 근대 도시 부산조차 다양한 힘들의 길항 관계가 들고나던 이중 지대이자, 경계 지대였다는 것, 그리고 여기에 체계적인 행정 통제력의 공백까지 더해진 채 지금의 상처를 새기게 되었다는 것, 그러나 우암은 이러한 문제 해결을 위해 민초들이 나서 행정의 공백을 메웠다는 것 말이다. 우암에는 행정에 앞선 민초의 생명력 뿌리 내린 곳이다. 이후 행정은 늘 이 날 것 그대로의 생을 통제하고 압도하는 힘을 낼 뿐이다. 좀 과한 표현일까? 1967년 부산의 행정은 도심에 들끓는 민초들의 뿌리를 뽑아 서동과 반송으로 강제 이주 또는 추방시키는 정책을 내며 도시 변두리에 새로운 이중 지대를 조성하지 않았던가. 거기로 추방된 사람들을 대상으로 땅을 매입하도록 강제하고, 모욕의 분위기를 조성하지 않았나. 특히 반송은 행정의 부담 지대여서 동래구와 해운대구 사이의 핑퐁 게임의 대상지가 되지 않았던가.[4] 서울 강남구 개포동 구룡마을 역시 88올림픽 때 도시 정비를 명목으로 서울 외곽으로 쫓겨난 사람들이 만든 동네인데, 서울시는 강남 개발 후, 빈민 지

---

4. 이에 대해서는 다음의 영상을 참고하라.
   http://www.narak.kr/?page_id=463&uid=63&mod=document&pageid=1#kboard-document
5. 이에 대해서는 연구모임 비상, 『포함과 배제의 문화정치학을 위하여』, 부산대학교 출판부, 2010년, 51-55쪽 참고.

대로 남은 이 지역 사람들을 다시 추방하기 위해 주민등록증조차 발급해주지 않았다. 이와 유사하게 우암의 철탑마을 사람들에게는 전기나 수도를 공급하지 않아, 주민들이 스스로 전기를 끌어다 쓰고, 도로를 포장하고, 물을 길어다 쓰곤 했다. 생존을 위한 기본적인 시설조차 행정은 외면했던 것이다.[5]

우암에 새겨진 근대의 상처를 혹, 성흔으로 볼 수 있다면, 이는 바로 행정 편의, 행정 우선, 행정 우월성에 늘 초월하던 벌거벗은 민초들의 저력 때문 아닐까. 이 힘이 아직 우암에 도사리고 있다. 우암은 앞으로 어떤 그림을 그리게 될까? 다만 행정의 힘이나 자본의 힘이 개발이라는 미명하에 우암의 성흔을 상흔으로, 그 속에 깃든 민초들의 저력을 무능력으로 되돌려 놓지 않기를 바랄 뿐이다.

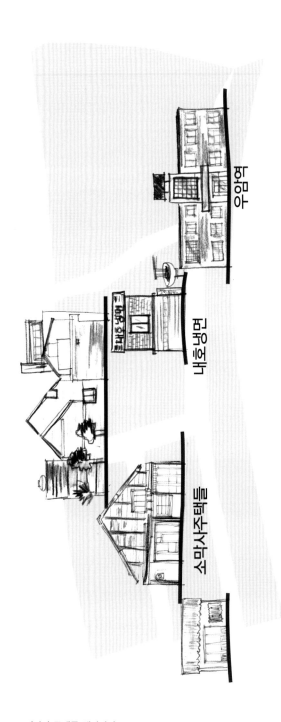

우암역

내흥냉면

소막사주택들

가덕도 외양포

근대화의 전운戰雲

몬드리안이 "자연에는 직선은 없다"라고 했다. 그는 근대의 정신을 모더니즘 회화에 오롯이 담았던 사람이다.[1] 바둑판같이 된 논과 도시공간의 유사성. 그리고 그 공간을 직선의 선로를 깔고 질주하던 기차. 이것들이 소위 발전의 외피를 입은 근대화의 상징이라면, 소위 자연은 미성숙한 것, 심하게는 야만으로 간주하여 혁파할 대상이 된다. 약 70호의 가구가 살던 가덕도의 외진 자연성에도 강제된 혁파革破의 불길한 기운이 감돌고 있었다. 마치 터너의 안갯속 기차처럼, 근대화라는 폭주 기관차가 멀리서 천둥소리로 엄습하고 있었다.

1904년 러일전쟁. 지극히 외진 곳이라지만, 외양포 역시 일식日式 근대화의 전운戰雲을 피할 순 없었다. 1904년 2월 러일전쟁이 발발한 후 5

1. 근대성과 몬드리안 회와의 의미에 대해서는 다음을 참고하라. 김동규, 「근대 도시와 철학」, 『부산 원도심은 페스트리다』, 소요-You, 2014, 14-34쪽.

포진지 입구

개월이 지난 8월 3일, 일제는 대한해협을 지나는 러시아 북양함대에 기습공격을 가할 목적으로 가덕도 남단, 외양포 일대를 임시 군사기지로 삼는다. 일식 근대화를 위해 70호 정도의 가덕 주민은 억울한 추방을 감당할 수밖에 없었다.

그해 12월 12일 진해만 요새 포병대대 제2중대가 외양포에 주둔했고, 8일 후인 20일 중포병대대가 외양포로 옮겨옴으로써 외양포는 포진지의 형식을 갖춘다. 이어 1905년 5월 7일 일본군 유수 제4사단에 편성된 〈진해만요새사령부〉가 외양포로 옮겨 옴으로써, 외양포는 대대 규모 이상의 사령부로 크게 확대되었으나, 1909년 8월 30일 사령부가 마산으로 이전함에 따라, 1942년 7월까지 중포병대대重抱病大隊로 격하된 채 유지된다.

일제가 할퀴고 간 상처를 탐방하기 위해 몇몇이 4월 9일 늦은 2시에

하단에 모였다. 코스 마지막 대항마을 해변에 일제가 건설한 토치카[2]를 보려고 물때에 맞춰 정해진 시간이었다. 외양포를 둘러싼 봉우리마다 대공포가 있지만, 시간 관계상 거기까지 들리진 못할 것이다. 그 밖에도 새바지 해수욕장을 비롯, 가덕도 곳곳에 토치카와 인공굴이 형성되어 있다. 오늘은 외양포에 위치한 포진지에서 그 위편 산 중턱에 위치한 화약고, 외양포 마을에 있는 사령관 숙소, 헌병대(위병소), 병사를 돌아본 후, 최근 발견된 대항마을 인공 동굴(토치카) 10개 중 3개를 둘러볼 예정이다. 예전에는 대항마을에서 차 한 대가 겨우 통과할 만한 급경사 도로를 위태롭게 넘어야 했지만, 다행스럽게도 최근에는 새 길이 나서 외양포로 가늘 일이 편리해졌다. 그만큼 외양포는 외진 곳이다.

일제는 외양포에 살던 사람들을 강제 이주시킨 후, 남은 건물을 일부 쓰기로 하고 사령관실을 신축하기 시작했다. 이를 위해 공병부대가 들어왔고, 포진지 때문에 포병부대가 들어왔다. 외양포가 중요한 군사요충지가 된 것은 이곳에서 거제도와 마산항, 진해항이 모두 보이는 데다, 이곳을 지나다니는 선박을 몰래 감시할 수 있는 천혜의 지리적 조건 때문이다. 러일전쟁을 수행하는 일본 입장에서는 바다에서 오는 러시아 군함을 사전에 발견하고 요격하기 좋은 전략적 요충지가 필요했다. 이런 전략, 전술적 이점 때문에, 이후 외양포에는 대공포와 화약고가 더 구축된다.

일단 포진지 입구 표지석에 오면 전면부에 명치 38년(1905년)이라는

---

2. 토치카(pillbox)란 안에 강력한 중화기를 갖추고 콘크리트 등의 엄개로 견고하게 보호하는 방어진지로서, 보통 5, 6명의 병사가 배치된다. 하나만 존재하는 예는 거의 없으며, 대개는 사전에 화선을 계산해 여러 개의 토치카를 연쇄하여 방어진지를 구축한다.

포진지

문구를 볼 수 있고, 뒷면에는 소화 12년(1937년)이라고 적힌 문구를 볼 수 있다. 이 표지석은 과수원 바닥에 떨어진 것을 지금의 위치로 옮겨 놓은 것이다. 포진지 안으로 들어서면 280mm 육탄포가 배치되어 있던 곳이 보이고 주변의 엄폐 막사를 볼 수 있다. 엄폐 막사 맞은편에는 2동의 탄약고가 있는데, 벽에 그려진 그림은 원형 그대로 남아 있다. 최근에는 좀 더 시설이 정비되어 친절하고 깔끔하게 디자인된 설명문과 사진이 추가되었다.

외양포의 포진지에 독특한 게 하나 있다. 콘크리트에 철근이 없는 것인데, 실제로 철근은 국제적으로 1930년부터 쓰기 시작했으니, 1904년 구조물에 철근이 있을 리 없다. 또 하나 독특한 것은, 포진지 가장 왼편에 있는 조그만 동굴이다. 1945년 배치도에 따르면, 이 동굴은 당시 포진지 주변을 둘러싸고 있던 둔덕 내부의 창고로 이어지는 통로였던 것으로 추측된다. 외부에 병력이 노출되지 않고 이동하기 위해 이러한 비밀통로를 마련했던 것이다.

포진지 탄약고

포진지 동굴

탄약고 내부

포진지 엄폐막사

일행이 도착해서 주차했던 외양포 해변의 주차장을 이곳 사람들은 말집이라 불렀다. 그리고 말이 다니던 길을 말길이라 불렀는데, 당시 가덕도 역시 영도처럼 말을 많이 길렀던 듯하고, 이 말에 탄약을 싣고 산

봉우리의 대공포대로 올라갔던 것 같다. 우리는 소위 말길을 따라 화약고로 이동했다. 화약고는 최근 새로 발견된 곳이라는데, 강서구에서 가덕도 신공항이 생기기 전 역사 유적들을 조사하려던 과정에서 화약고를 발견하게 되었다.

홍순연 선생은 1942년 일본의 외양포 배치도를 현재의 지도 위에 겹쳐서 대략의 위치를 잡고, 산을 샅샅이 뒤져서 이 화약고를 찾아냈다고 한다. 이 화약고는 기다란 선형으로 줄 기초를 잡고 그 위에 목조 건축을 올려 만든 후, 사방에 석축을 쌓아, 그 위에 다시 엄폐 막을 설치한 구조였다. 탐방 당시에는 그 줄기초와 석축만이 남아 있었다. 이런 종류의 건축물 주변에는 늘 물이 흐르기 마련인데, 장기전에 대비해 물을 쉽게 얻기 위함이다. 그 외에도 이런 건축물의 공통적인 형태는 주변에 배수로가 둘러쳐 있고, 소형 운동장을 만들어 운동을 할 수 있도록 해둔

점이다.

화약고를 내려오니 우물이 보인다. 외양포에 들어서면서 계속 눈에
띄던 우물 5개 중 가장 원형이 잘 남아 있는 우물로 갔다. 우물은 최대

화약고 입구

화약고 석축

외양포 우물

8개 정도까지 있었다고 한다. 재미있는 것은 우물집 재료로 쓰인 벽돌에 얽힌 이야기다. 1960년대 한국의 벽돌의 기준은 19cm인 데 반해, 현재 일본은 길이 21cm에 두께를 47mm로 했던 1920년대 표준의 벽돌을 사용하고 있다. 그런데 외양포에 사용된 벽돌은 20년대 이전의 기준, 즉 길이 23cm 두께 60mm 벽돌을 썼다.

1900년도에 이미 한국에도 벽돌 공장은 있었다. 영도 영선정에 벽돌 공장이 이미 5개 정도 있었다. 벽돌 공장의 입지는 좋은 흙과 물류, 그리고 사람이 많아야 하는데, 영도가 그 최적지였다. 영도 흙이 그만큼 좋았다는 소리인데, 당시 벽돌 공장이 제일 많았던 인천은 주로 청식 벽돌을 생산했던 반면, 부산은 일식 벽돌 공장이 가장 많아 일식 벽돌을 생산했다. 지난번 탐방지였던 우암동 적기에는 1934년에야 비로소 벽돌 공장이 들어선다.

곧이어 일행은 우물 옆 사령관실로 이동했다. 사령관실에는 다다미 방이 9m 정도로 이루어졌는데, 사진에서 보듯 기와지붕 두 칸의 규모다. 사령관실은 화장실과 거실 그리고 방으로 이루어진 간단한 구조다. 1907년 기준으로 외양포에는 병사 6개, 원사령관실, 위병소, 헌병부 각 1개가 있었고, 말 축사와 취사장 그리고 우물이 있었다고 한다. 지금 외양포의 헌병소는 나중에 위병소로 바뀌게 된다. 위병소 건물은 지붕 아래 장식으로 까치봉과 도리가 있는데, 이런 장식은 외양포의 다른 건물에서는 보기 힘들다. 이는 이 건물이 다소 고급 형태로 지어졌다는 것을 의미한다. 하지만 최근 이 집을 개보수하면서, 이 장식이 철거되어, 안타깝게도 이제는 그 형태를 사진으로만 볼 수 있을 뿐이다.

사령관실

까치봉과 도리

외양포 병사

　외양포를 둘러본 일행은 대항마을의 인공동굴로 이동했다. 대항마을에 최근 10개의 인공동굴(토치카)가 더 발견되었는데, 그중 하나에는 대정 2년(1913년) 진해 요새 사령부라고 기록되어 있다. 시간 관계상 일행은 세 곳만 둘러보았다. 그중 두 번째 동굴에는 무속인이 실제로 살았던 흔적과 굿을 한 흔적도 있었다. 세 번째 토치카는 두 개의 인공동굴이 있었는데, 그중 입구가 작은 토치카에 몸을 구겨 넣어 진입했는

1번 토치카

2번 토치카

3번 옆 파다 만 토치카

데, 15m를 가도 터널이 끝이 나질 않는다. 바닥에 물이 차올라 더 진행하진 못했지만, 이 동굴이 두 번째 동굴과 이어져 있는 동굴이라고 했다.

도대체 이런 인공동굴을 만드는 데 누가 동원된 것일까? 가덕도 사람들은 추방당한 것만이 아니라 강제노동에도 동원되었던 것일까? 어떤 이는 해안 동굴은 강원도에서 일하던 탄광 인부들을 동원하여 만든 것이라고 한다. 이 인공동굴은 대항에만 있는 것도 아니다. 아이러니하게도 대항의 동쪽 맞은편 새바지에도 인공동굴이 있다. 새바지의 인공동굴을 지나가면 비밀스러운 몽돌 해수욕장이 펼쳐지는데, 마치 이상한 나라의 앨리스처럼 다른 차원으로 나오는 기분을 주지만, 이 신비로움이 일제 강점기 식민지의 폭력의 잔영이라는 생각이 미치면, 그 아이러니한 기분이 장소의 신비로움을 단번에 앗아간다. 제국의 힘과 근대화의 폭력은 여전히 가덕도에 짙은 그늘을 드리우고 있었다.

현재 외양포 땅은 모두 해군 사령부 소유지만, 이미 사람들이 여기에 먼저 살고 있었다. 문제는 이 땅이 모두 일제강점기 소유 형식을 그대로 유지하고 있다는 것인데, 특히 가덕도 등대를 가려면 예전에는 육군, 해군, 항만공사 세 기관의 허가를 모두 받아야 했다. 왜냐하면 땅의 소유 및 관리를 서로 다른 기관이 했기 때문이다. 물론 지금은 부산지방해양수산청 홈페이지에 숙박을 신청하면 가덕도 등대에서 숙박도 할 수 있을 정도로 접근이 쉬워지긴 했다. 이처럼 제국주의가 남긴 폭력의 흔적들이 하필 가덕도 같은 변두리에 새겨진 이유는 무엇일까?

벙커, 국가, 국경

그저 전략적 요충지기 때문에 이렇게 외진 곳에 군대가 주둔했다고 하기에는 남아 있는 이야기가 더 있을 것 같다. 조금 더 큰 틀로 이 사태를 보면, 국경을 형성하는 국가 폭력의 구축, 그리고 제국주의를 추진하는 근대 국가폭력의 전열 정비를 외양포에서 확인할 수 있다. 폴 비릴리오에 따르면, 전쟁에 대한 관심과 도시 및 도시계획이 갖는 관심은 서로 밀접하다. 그는 도시 계획의 전쟁 기원설을 지지하는데, 그가 보기에 도시는 전쟁이라는 갈등의 구성요소이며, 전쟁 자체는 도시를 구성하는 일종의 정치 형태, 즉 전쟁의 연장 형태였다. 도시는 무기와 물자 그리고 인력의 조달, 유지 및 보급에 관한 병참 문제이자, 무력 충돌의 총체적 관리 및 전략에 관한 문제였다. 반면 경제는 이러한 필요 때문에 생긴 부차적 측면에 불과했다.

대항해변 1번 토치카 안에서 밖

    비릴리오는 『벙커의 고고학』에서 나치 독일이 대서양 연안에 세운 콘크리트 방책을 주제로, 전쟁과 정치, 도시 및 지정학 공간의 형성 간에 존재하는 복잡하지만, 은폐된 상호 관계를 고찰한다. 그에게 전투의 발달과 역사는 충돌 공간을 조직하는 것과 관련이 있는데, 주변 환경의 통과에 공격 및 방어 수단을 포함하는 방식이 여기서 관건이 된다. 군사적 공간의 구성은 이동의 용이함과 지형의 용이함을 이용해 적의 이동을 차단할 가능성, 그리고 적의 침투를 막는 방식으로 구성된다. 비릴리오는 '속도가 전쟁의 본질'이라는 손자병법의 문구를 참고하여, 적의 속도를 둔화시키는 것이 곧 전쟁의 논리라고 생각했다.

    이에 따르면 해변에 설치된 벙커나 토치카는 외부의 침입이라는 관성을 저지하는 저지선이자, 특정한 공간을 내적으로 전체주의화하거나 동질화하려는 정치적 힘의 경계이자 한계다. 그런 점에서 벙커나 토치

카는 전쟁의 전체주의라는 정치적 기념비이자 신화다. 외양포 역시 그렇게 전근대적 공간이었다가, 포진지 구축을 빌미로 일제가 그곳에 깃든 전근대적 삶을 추방시키면서, 근대적 도시 질서로 전체화하기 시작했다. 후기 근대의 전자전과 정보전으로 인해 전쟁이 광속에 가깝게 되자, 외양포의 포진지는 초기 근대의 신화적 기념비, 즉 전쟁-정치적 기념비라는 과거로 남는다.

주변 어르신들의 이야기를 들어보면 가덕도를 거쳐 거제를 넘어 남해안 곳곳에 각종 포진지와 토치카를 볼 수 있다고들 한다. 그러고 보니 예전 제주도 송악산 일대를 다녔을 때, 해안절벽에 흉물스레 인공동굴이 뚫려 있던 것을 본 적이 있다. 전쟁이 막바지에 이를 때쯤, 일본군은 송악산 일대에 견고한 방어진지를 구축하고, 송악산-사계리-화순항-월라봉에 이르는 해안가에 연합군의 공격에 대응하기 위한 해안 특공기

지를 설치해 포대 및 토치카, 벙커 등을 설치했었다. 송악산 해안절벽에는 15개의 인공동굴이 뚫려있는데, 너비 3~4m, 길이 20여 m에 이르는 이 굴들은 성산 일출봉 주변의 인공동굴처럼 어뢰정을 숨겨놓고 연합군의 공격에 대비했던 곳이다. 그 외에도 송악산에는 일제 외륜 동굴 진지도 있다. 주변의 알뜨르 비행장을 경계하기 위해 설치된 군사시설인데, 이 동굴 진지로 가는 출입구가 송악산 중턱에만 22개 정도 있다. 총 길이는 1,000m 정도인데, 성인 한 명이 경우 지나갈 정도의 크기다. 이곳 입구에서 약 5m 들어가다가 너무 미끄러워서 그냥 돌아 나왔던 기억이 지금도 생생하다.

귀환한 삶—생명

이상하게 군인이 거주하던 지역에 서민들이 섞여 사는 경우를 종종 볼 수 있다. 민간인이 살다가 추방되고, 다시 군대가 철수하면 민간인이 자신의 터전을 꾸리러 들어오는 밀물과 썰물의 반복. 그런데 정작 다시 들어온 사람들은 불법으로 낙인찍혀야 하는 경우가 있다. 대연 우암 철탑마을도 그렇고 이곳 외양포도 그렇다. 그렇지 않으면 다양한 법과 규제로 인해 살림을 꾸리는 데 여러 가지 장애가 따른다.

방어, 안보, 면역과 같은 근대적 경계와 질서 안에서 전근대적인 것들은 전쟁의 전체화 기술에 따라 모조리 추방된다. 근대적 세계에서 전쟁에 어울리지 않는 것들이 설 땅은 없다. 전쟁의 전체주의는 평화가 설 땅을 없애버린다. 그리고 여지없이 불법을 선언한다. '법'이라는 것이 '정의'를 실현하기 위한 수단이라는 말은 교과서에서 종종 볼 수 있다. 그리고 법은 안전을 위한 정당한 폭력이라는 상식적인 생각이 여기에 더해진다.

아른츠의 〈안정과 질서 Ruhe und Ordnung〉라는 작업을 보면 오히려 국가와 법이 안정과 질서를 빌미로 전체주의적 폭력을 행사한다. 비릴리오 역시 국가가 안정  과 질서를 빌미로 경계 내부를 전쟁의 질서로 전체화—동질화시킨다고

한다. 이것이 내치 또는 치안이다. 결국 치안은 국민 보호와는 처음부터 거리가 멀었다. 우리는 제주 4.3사건 또는 이를 다룬 현기영의 소설 『순이 삼촌』만 봐도 충분히 짐작할 수 있다. 국가 폭력으로서 경찰폭력이 문제가 될 때, 늘 경찰이 시민을 위해 있는 것 아니냐는 항의를 접하게 되는데, 이는 결국 치안의 정체를 고발하는 수사로 고려해볼 만하다. 이런 탐욕적 전체화의 힘은 최근 공해상의 암초마저 국가의 내부로 동질화하려고 든다. 국가 폭력은 국경분쟁에서 여전하다.

전 근대인이라는 자연성이 추방되듯, 암초라는 해양 생태는 콘크리트라도 쳐서 근대의 질서로 기어이 포획하고 말겠다는 저 국가 폭력의 현재를 생각하니, 가덕도 외양포와 대항마을에는 평화를 대가로 치르고 전쟁을 구매(대행) 한 초기 근대의 신화적 폭력이 상흔으로 남겨져 있었다는 생각으로 자연스레 이어진다. 가덕도는 그 상처를 딛고 이제 새 살이 움트고 있었지만, 가덕도 신공항 건설이라는 국토개발의 신화적 폭력이 다시 외양포에 음험한 그늘을 드리우고 있다.

포진지

호안굴

어양포망루

인공동굴들

한성은행에서
봉래동 창고군까지

　백산기념관 앞에 모인 우리는 옛 한성은행이자, 일전의 청자빌딩에
서, 현재 한성 1918이 된 곳을 시작으로 비욘드 가라지(대림창고)와 부
산대교를 거쳐 아래편에 있는 봉래동 창고 건물들을 돌아본 후 청학동
해돋이 마을로 갈 예정이다. 홍순연 선생은 오늘 관전 포인트로 붉은색
벽돌 그리고 군집성과 변화를 꼽았다. 시간과 여건이 허락한다면 영도
청학동 해돋이 마을까지 돌아볼 예정이지만, 더위가 심해 일행들이 띄
엄띄엄 떨어져 있는 건물들을 뚫고 해돋이 마을까지 갈 수 있을지는 미
지수다.

　백산기념관 바로 옆이 옛 한성은행(지금의 한성 1918)이다. 1876년
강화도 조약 이후 일본 상인들과 대금업자들이 조선에 대거 진출하면
서, 최초의 근대식 은행인 제일은행이 부산에 설립됐다. 이후, 18은행
(1889), 58은행(1893)이 차례로 진출한다. 이에 조선의 자본을 구축하고

자 김종한과 이승업(상공회의소 부회장), 민영찬, 조재명, 한치조, 김영모, 이규정, 김태진, 권석영 등이 한성은행을 발기하여 1897년 2월 19일 서울에 한성은행을 창립한다. 당시 민족자본으로 설립된 은행은 조선은행(한흥은행)과 한성은행 2개뿐이었다. 이후 1903년 12월 7일 합자회사인 공립 한성은행으로 개편되고 1905년 9월 20일에 주식회사 공립 한성은행으로 개편되었다. 한성은행이 부산에 지점을 설치한 것은 1918년 5월 1일이었고, 그해 9월 7일에 부산지점을 신축 이전하게 된다. 그러나 조선의 자본을 구축하려던 힘이 일제의 압력을 버텨내다가 1920년 1월 23일 자본금 증자를 위해 일본인 기업과 일본인에게 주식을 넘겨주게 된다. 1943년 10월 1일에는 2차 세계대전을 위해 한성은행이 동일은행과 합병되어 조흥은행이 설립된다.

지금은 대부분의 건물이 사라지고 없지만, 1910~25년경 한성은행 주변에는 조선은행(1910), 제일은행(1912), 부산상업은행(1923), 조선식산은행(1925), 안전은행(1927), 18은행(1927) 등이 있었다. 당시의 본정과 대창정(현재의 동광동과 중앙동)은 은행 건물의 메카로 부상된 곳으로, 그중 유일하게 남아있는 건축물이 바로 한성은행이다. 부산 원도심은 일제 강점기 이후 필지를 분필하거나 합필한 흔적이 없어 옛 필지의 모양과 형태로 보존되어 있다. 길과 도로는 일제 당시 그대로인 채로 건축물의 증·개축만 일어났으므로, 독자 여러분이 부산 원도심 일대를 다니신다면 일제 강점기 옛 그 거리의 폭과 풍경을 충분히 상상할 수 있을 것이다. 가만히 옛 부산의 금융허브 단지를 상상해본다. 최근 청자빌딩이 한성 1918이라는 생활문화센터로 바뀌었고, 근처의 한국은행이 금융박물

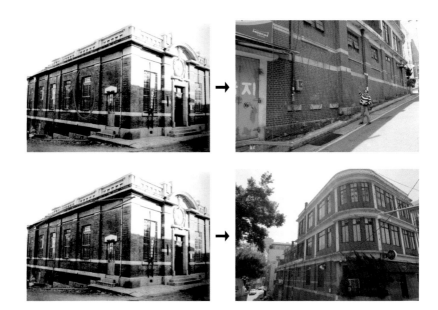

관으로 운영하려다, 근대 역사박물관으로 활용하기로 결정되었는데, 이 박물관에서 부산의 월스트리트를 보게 될까.

한성은행은 은행의 신이라 불리던 나카무라 료시헤이가 건축했는데 1918년 당시 벽돌조+목조에 박공형 지붕을 한, 단층 74평에, 20평짜리 2층 부속건물이 딸려 있었다. 그러던 것이 1960년대에 12월 건평 98평의 한 건물로 통합되고, 증축하여 청자빌딩이 된다. 이 건물이 청자빌딩으로 불린 이유는 1964년 소유권이 민간으로 넘어가면서 1층이 청자다방으로 쓰였기 때문이다. 과거 동광동 일대는 많은 예술인들이 찾던 다방이 유명했고, 이 빌딩 역시 청자다방이 있었기에 청자빌딩으로 불렸던 것이다. 청자빌딩은 그런 점에서 당시의 모습과 증축된 부분이 혼

재된 건물이다. 좀 더 구체적으로 말하자면, 본동과 부속 건물로 분리되어 있던 건물이 연결되고 상층부는 일부 철거하고 다시 증축하는 형식으로 변화를 꾀하였다. 즉, 하나의 건축물에 시대를 대표하는 두 개의 건축기술이 합쳐져 있는 셈이다. 이 건물을 2015년 부산시가 매입한 후, 구조를 보강하고 개보수하여, 현재의 한성 1918 생활문화센터가 되었다.

현재는(위의 사진) 일부 외부에 그 원형의 흔적을 확인할 수 있는 부분으로 당시의 오르내리기 창이 있었을 곳에 벽으로 막혀 있는 모습과 주차금지라 적혀있는 문의 캐노피 옆쪽 수평으로 두 줄로 이어진 삼각형 구간이 그나마 원형이 남아 있는 부분이며, 벽돌로 막아두었지만, 주차금지라 적힌 문 옆에 세 군데에는 옛 창문의 흔적이 고스란히 남아 있다. 내부로 들어가면 지하에 쌓은 석축을 노출해, 건축 당시의 모습을 공개했고, 2층으로 가면 옛 구들이 부분 보존되어 있다.

건축물의 디테일을 좌우하는 벽돌을 살펴보면 일제 강점기의 기본 수제 벽돌(가로 23cm)로 개조 이후에도 남은 벽돌은 건물의 다른 곳에 재사용되었다. 그 외에 오르내리기 창을 받치고 있는 화강석 창대석의 흔적도 벽면의 디테일로 박혀있다. 또한 일반적으로 조적조로 쌓은 건축물들은 대부분 목재 트러스와 나무 바닥을 사용하기 마련이어서, 예전에는 주차금지라고 적혀있는 후문 캐노피 라인까지는 경사도에 의해 나무 마루와 나무 바닥이 깔려 있었을 것으로 예상되며 그 아래는 지하 공

간으로 사용되었다. 이후 콘크리트 바닥으로 개조하면서 벽돌이 받는 힘은 애초보다 엄청날 것이었다. 이 건물이 다시 생활문화센터로 되기 위해, 건물의 구조적 취약성 문제, 재료적 문제, 원형 보존의 문제를 고민하지 않을 수 없었고, 그 결과물이 우리가 지금 보고 있는 한성 1918이다.

건물의 옥상은 60년대 가옥구조(부뚜막, 인조대리석을 깔고, 부엌과 부엌단을 타고 올라가면 거실과 방이 있는 구조)를 그대로 유지하고 있는데, 모서리 부분을 가각전제街角剪除하는 것은 60년대 건축법에 따른 대표적 양식이라고 한다. 그리고 보니 주변에 60년대 건물이 꽤 있다.

한성 1918은 옛 한성은행 자리에 그대로 남아 있다는 점에서 그 중요성이 있다. 원도심은 100년 전 필지를 그대로 높이만 다르게 건축된 경우가 많은데, 이런 점에서 이런 식의 건물은 역사적 가치에 더하여

(현시점에서 50년 전 건축은 문화재가 될 수 있다는 점에서) 건축적 가치를 아울러 갖고 있다는 것이다. 건물의 창이나 왼쪽 외벽은 예전의 흔적을 그대로 가진 채 60년대와 조화를 이루고 있다는 점 덕분에 청자빌딩은 건축상의 변화와 역사적 변화의 결을 그대로 간직하고 있다. 따라서 청자빌딩은 문화유산으로 남길 만한 가치가 충분히 있다.

더 중요한 것은 이 건물을 부산시가 매입하여, 내부 수리 등을 거쳐 생활문화센터로 탈바꿈시켰다는 점이다. 금융을 담당하던 건물이 이후 생활문화센터가 되어 문화복합공간으로 변모한다는 점, 그래서 새로운 층위 변화가 더해진다는 점을 주목하면 좋겠다. 건축에서 흔히 말하는 양피지Palimpsest는 종이가 없어서 양피지에 지우고 쓰고 지우고 쓰다 보면 그 얼룩이 꽤 괜찮은 무늬를 띠게 되는데, 건축 역시 과거의 기억에 새로운 기억을 덧대고 덧대다 보면 꽤 많은 이야기가 무늬로 새겨질 수

있다.

마샬 버만은『현대성의 경험』에서 "견고한 모든 것은 대기 속에 녹아 버린다." 맑스의 공산당 선언에 등장하는 문구를 인용하는 것으로 시작한다. 맑스는 실제로 이렇게 말한다. "고정되고 단단히 얼어붙은 모든 관계는 그에 따른 오래되고 존중되어 온 편견과 견해들과 함께 쓸려가 버리고, 새로 형성되는 모든 것들은 미처 굳기도 전에 골동품 화 되어 버린다. 견고한 모든 것은 대기 속에 녹아버리고, 신성한 모든 것은 모독 된다."라고. 마샬 버만은 이를 인용하여 근대성을 유동성과 휘발성으로 특징짓는다. 그렇다면 근대도시의 리듬은 이러한 유동성으로 생멸하는 것일까? 앙리 르페브르는 자본이 고유의 리듬을 지니며, 모든 것을 생산하고 파괴한다고 한다. 예컨대 자본은 몸을 예찬하다가, 곧이어 몸을 부정한다. 자본은 이러한 교대交代를 생산하고 파괴하는 모순적

이중성을 지닌다.(『리듬 분석』, 167쪽)

　적어도 양피지를 생각한다면, 원도심은 아무리 근대의 흔적이라지만, 오랜 근대를 깡그리 허물고 새로운 근대를 입히는 근대적 개발 방식을 답습해서는 안 된다. 이를 위해서 자본가를 처벌하는 것이 능사는 아니다. 다시 말해 개발업자를 비판하거나 처벌한다고 사라질 일이 아니라는 것이다. 맑스는 『자본가』를 쓴 것이 아니라 『자본』을 썼다. 건축과 건축가가 개발업자들에게 굴복하게 된 현실 역시 특정 자본가 때문이

아니다. 결국 막아야 할 것은 자본가가 아니라 자본(의 논리)이다. 그런 점에서 자본에 장애를 주는 것이 르페브르에겐 도시라는 공간을 교환 가치로부터 빼내서 사용 가치로 전환하자는 것이었을 게다. 모든 사람들에게 도시를 자유롭고 풍요롭게 사용할 권리를 부여하는 것 말이다.

　벤야민은 수집이 물건의 상품성을 중단시

키는 것이라 했는데, 시가 청자빌딩 등의 장소를 매입(수집)하여 이 장소가 사적으로 전유 되지 못 하도록 막은 것도 장소의 상품성을 중단시키킨다는 의미에서 긍정적인 일이다. 이처럼 청자빌딩을 모든 시민이 접근할 수 있고 사용할 수 있는 생활문화센터로 만들었다는 것은, 공적 공간을 사유화하여 시민의 접근과 사용을 막고 특정 장소를 특정인만을 위한 사적 장소로 전유하거나 팔아버리려는 자본의 폭력을 막는 일이다. 따라서 청자빌딩을 생활문화센터로 바꾼 부산시의 구상은 행정의 공공성이 돋보이는 부분이라 할 수 있다.

그러나 이런 공공성이 자주 발휘되는 것은 아니다. 검은색 아스팔트를 따라 지하도를 건너 연안 여객부두 앞으로 이동하는 동안 번지르르한 건물과 건물 사이 붉은 점으로 남은 창고 하나를 보러 가는 동안, 일행은 부산시의 행정적 공공성보다는 그 파괴를 더 많이 경험할 수 있었다. 이미 허물어진 옛 세관 건물 그리고 새로 허물어질 예정인 지금의 세관 건물에 대해 아쉬움을 토로하는 이도 있었다. 개발의 볼모가 되어버린 도시 공공행정의 난상亂想에 대한 걱정과 근심을 안고 도착한 곳은 대림창고, 현재의 비욘드 가라지로 변모한 곳이다. 이곳은 곡물창고로 사용되던 곳이다. 개인 소유의 창고지만 부채꼴 장식의 디테일이 돋보이는 벽돌 창고다. 주변에 즐비하던 창고가 이제 이것 하나만 남게 되었다. 이게 일종의 건물군으로 남았다면, 보스턴이나 고베처럼 시너지를 발휘하는 새로운 공간으로 탄생했을 텐데, 창고가 또 다른 일상의 공간으로 전환되지 못한 게 아쉽다. 그런데도 이 창고 하나로 주변을 상상할 수 있다는 것으로 위안을 삼자. 이곳은 현재 대관을 비롯한 다양한 문화

행사를 여는 문화복합공간이 되었다. 60~70년대까지만 해도 이 건축물은 곡물창고로 사용하였다고 한다. 아마 1부두 주변에 즐비했을 창고군 건축물이 현재는 하나만 외롭게 서 있다.

삼례에는 창고군이 멋진 문화예술촌으로 꾸며져 있고, 담양의 담빛 창고도 그렇다. 한 산업이 저물고 새로운 산업으로, 하나의 문화가 다른 문화로, 하나의 커뮤니티가 또 다른 커뮤니티로 이어지는 결을 간직한 건물. 최근 창고 재활용과 도시 재생이 이런 흐름을 아주 잘 반영하고 있다. 부산도 이런 독특한 창고가 많다.

한성은행과 달리 대림창고의 벽돌은 공장에서 생산된 것으로 표준벽돌(210mm) 크기를 지니고 있다. 당시 일본은 1925년 벽돌이 표준화된다. 독일에서 호프만 가마가 출시되고 이것을 일본이 수입하여 사용하면서 수제 벽돌은 공장제 벽돌로 바뀌었으나 관동대지진 이후 건물이

ㅁ옛 항구를 시민친화형 워터프론트로 개조(고베)

붉은 벽돌로 만들어진 보스턴의 명동 뉴베리 스트리트

콘크리트가 구조를 담당하게 되면서 벽돌은 구조체에서 주로 장식으로 사용된다. 그 결과 벽돌의 견고함은 전보다 덜하게 된다.

창고를 보고 난 후, 찌는 듯한 더위를 뚫고 부산대교를 건넜다. 대교

역사적 거리를 이은 보스톤의 프리덤 트레일

를 건너는 동안 불어오는 시원한 바닷바람으로 더위를 순식간에 날리고 도착한 곳은 봉래동 창고군이다. 이곳은 1897년 부산항의 개항과 더불어 약 100년 전부터 도선장渡船場이 입지한 영도의 관문이다. 이후 시가 계획에 따라 조선소, 제염소, 조선경질도기회사 등이 들어오게 되는 등, 영도의 경제 및 산업 발전의 중추를 담당하던 지역이 된다. 1934년 영도대교의 건설로 이 장소의 지리적 중요도는 더욱 높아져, 당시 영도의 기반 산업인 조선소 및 도기 회사를 중심으로 한 각종 제조업과 상업시설이 들어선다. 특히 여기에 있는 창고군은 과거 내항을 중심으로 물류의 메카, 현재는 수리조선 산업의 메카가 되어있다. 30~40년 된 숙련된 수리공들이 주변에 많아서 러시아나 일본서 못 고치는 배는 영도서 고칠 수 있다는 소문을 듣고 직접 수리를 맡기러 올 정도로 유명한 곳이라고 한다.

봉래동 창고의 목조트러스트

강서 비료창고 목조트러스트

　이곳의 창고군은 주로 30년대 조성된 창고들로, 그 구조는 이중벽돌
벽에 그 사이에 화재를 막는 방재형 모래로 채워져 있다. 창고는 전통적
인 일식 목조 트러스트 구조로 만들어져 있었다. 얼마 전 들렀던 강서의

코끼리와이어와 관광안내소

구 농어촌공사 뒤편 비료창고의 트러스트도 이런 식이었는데 둘 다 일본식 건축이라고 한다. 물류창고 뒤에는 오래된 집과 가내수공업 하는 곳, 술 공장, 상점, 목공소, 소형 정유공장, 가내 피복 공장 등이 있었다고 하는데, 아쉽게도 창고도 주변의 옛 흔적도 조금씩 사라지고 있었다. 근처에 있는 코끼리 와이어 건물에는 호텔이 들어선다고 하고, 옆에는 제 기능을 하게 될지 의심스러운 관광안내소가 들어서고 있었다.

남아 있는 것들이 품고 있는 이야기에 대해 반가움과 곧 허물어질 것에 대한 실망이 교차하면서 자연스레 근대성을 생각하게 된다. 자본의 논리를 따라 유동성을 강요당하는 시간과 공간의 구조 그리고 그 격자구조 안의 존재들. 이 유동적 변화를 견디지 못하면, 사라지게 될 운명들. 폴 비릴리오는 "정지는 곧 죽음"이며, "속도는 운명"이라며, 근대성의 파국적 상황에 대한 묵시록을 써나갔다. 한성은행이 청자빌딩에서 한성 1918로 생환한 일, 비욘드 가라지가 살아남은 일, 남선창고가 탑마트에 밀려 사라지면서도 옆의 백제 병원은 살아남아 새로운 활력을 발산하고 있는 일 정도를 꼽을 수 있다면, 생존하지 못하고 대기 속으로 녹아든 그 수많은 기억들은 어찌할까.

이제 잠깐의 식사를 끝내고, 청학동 해돋이 마을로 이동해야 한다. 청학동 해돋이 마을은 한국전쟁 때 18난민수용소가 있던, 해가 먼저 비치고 부산 내항의 변화를 한눈에 볼 수 있는 곳이다. 그런데 더위에 지친 일행을 데리고 청학동 해돋이 마을까지 갈 엄두가 나질 않는다. 개인적으로도 거기서 부산의 내항을 보고 싶지 않다. 북항 재개발 사업 때문이었다. 모든 기억들을 거세하고 천박한 개발주의로 점철된 폐허를 굳이 해돋이 마을에서 볼 이유가 없었다.

슬리퍼 신고 시민들이 즐길 수 있는 공원을 만들자는 초기의 슬로건은 저속한 자본의 난개발을 위해, 혹은 특정 정치가의 업적을 기리기 위해 폐기처분 된 지 오래다. 문화예술지구로 지정된 곳은 토지 매입자가 자의적으로 용도 변경할 수 있게 해 두었다. 그 사이 항만공사는 호시탐탐 땅장사를 할 생각을 명시적으로든 암묵적으로든 표하곤 했다. 자본과 정치의 논리는 옛 북항이 갖고 있던 모든 기억과 증거를 단번에 대기 중으로 녹여버렸고, 잠시 후 부정될 상품을 생산하기 위해 거대한 폐허를 만들어 두었다. 그리고 폐허를 위해 폐허를 지을 것이다. 이런 생각에 부응하듯 영도의 부동산 가치가 주민의 삶과는 무관하게 치솟고 있다는 소리가 들린다. 때맞춰 tvN의 〈알쓸신잡〉까지 방문해주었다.

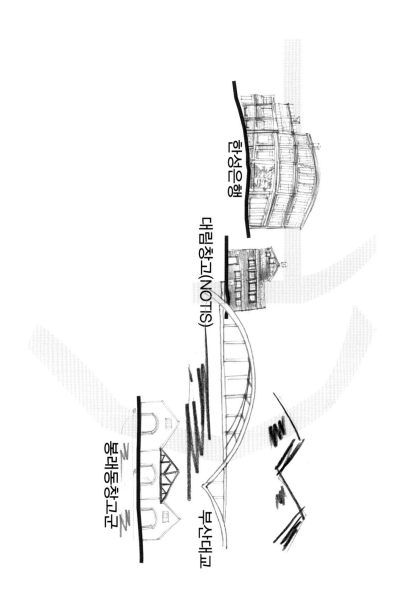

한성은행

대림창고(NOTIS)

봉래동창고군

부산대교

옛 비료창고는
무엇이 될까

　　부산의 문제가 한두 가지는 아니지만, 문화 예술 그리고 교육과 연결되기만 하면 늘 나오는 말이 있다. '동-서 격차'. 여기서 서쪽은 강서구를 말하는 것인데, 강서구는 구 단위 지자체 중 부산에서 땅이 가장 넓고, 예산 규모도 제일 크다. 다만 인구가 상대적으로 적은 편이다. 하지만, 강서에는 이렇다 할 문화시설도 없고, 교육과 관련된 인프라마저 빈약하다. 명지와 녹산에 꽤 많은 인구가 밀집되어 있지만, 그 흔한 멀티플렉스 영화관조차 없다. 그래서 등장한 것이 최근 지어진 을숙도 현대미술관이다. 부산시 교육청은 선생님들에게 강서구에 가서 가르치게 되면 진급에 유리한 점수를 부여하는 것으로 동-서의 교육 격차를 줄여보려고 하나, 실질적 성과는 미미한 편이라 여러 가지로 고심이 많다. 그냥 서쪽에서 몸만 가서 가르치고 다시 동쪽으로 퇴근하는 것보다는 좀 더 근본적인 처방이 필요하다. 동쪽으로 퇴근하시는 선생님들 대부분 동래와 해운대에 살고 계신다. 교육청이 내세운 근본적인 처방은 다 행복학교 같은 프로그램을 강서에 배치하는 것이다. 이 기획이 어떤 효과를 볼지는 지켜볼 일이나, 실효성이 있을지는 지켜볼 일이다.

좀 더 시설이 좋고 다양한 혜택을 누릴 수 있는 곳에서 살고자 하는 걸 문제 삼을 수는 없다. 그러니 동쪽으로 퇴근하는 선생님들, 대부분이 동래와 해운대에 살고 계시는 것도 탓할 수 없다. 문제는 지역의 균형 발전이 저해된 구조적 모순이다. 지역 격차, 특히 동-서의 격차가 이렇게 극심해진 데에는 분명히 정책적 문제가 있는 것이다. 이 정책적 변화를 위해 시민의 공적 역량이 집중되어야 한다. 그러나 강서구 대저 1동 주변의 상황은 꽤 복잡하다.

낙동장교

이 지역은 한때 낙동장교(옛 구포다리)가 지나가던 교통의 요지였다. 낙동장교는 1932년 건설 당시 아시아 최장교(1060m)로 등록되어 영도대교와 함께 부산시를 상징하는 다리였다. 이 다리가 2003년 태풍 매미 때 상판 일부가 붕괴한 채 존속하다, 2008년 최종 철거된다.

이 다리가 생기기 전까지 구포와 대저 사이는 나룻배와 뗏목을 이용하여 왕래하는 수밖에 없었다. 이 불편이 이루 말할 수 없어서 다리를 가설하자는 논의가 일어난다. 김해지역의 주민 대표가 여러 차례 경남 도청에 들어가서 건의하는 등 김해지역의 요구가 강력했지만, 구포 쪽의 반응은 시원치 않았다. 왜냐하면 낙동강에 다리가 놓이면 김해 일대에서 생산된 농산물의 출하와 유통이 원활해져 김해 지방 경제 발전에

크게 도움이 되지만, 정작 낙동강을 이용한 물자 교류에 의존했던 구포
는 잃을 게 더 많았기 때문이다.(지금의 강서구는 당시 김해였다.)

김해의 요구에 응한 경남 도청이 공사비 일부를 김해와 구포에 부담
시키려 했지만, 구포 면장은 이를 거절한다. 당시 매일신보每日申報 1932
년 5월 8일의 「낙동교 공사 진척洛東橋工事進拓」이란 기사에 따르면 "부산
진-김해 간 교통량 및 물동량 증가로 말미암아 하루속히 낙동교 완공
의 그 날을 기대하는 지역 주민의 열의가 대단하다"란 내용의 기사가 실
려 있다. 심지어 부산-김해 간 전철 건설 계획도 언급돼 있다. 이처럼
김해 군민의 적극적인 열의로 이루어진 공사의 준공식 역시 대저면의
들판에서 이루어진다. 원래 준공식을 구포에서 할 예정이었으나, 다리
건설에 지나치게 소극적이었던 구포에 대한 김해 군민의 반감과 반발을
무시할 수 없었던 탓이다.

낙동장교는 서부 경남을 잇는 유일한 통로였기에 사람과 물류를 잇
는 핵심 시설이 되었다. 일제 말기에는 김해의 곡물이 반출될 수 없도록
감시소를 설치했고, 6·25전쟁 때는 전쟁 물자와 군인들을 수송하는 데
큰 역할을 했다. 이후에도 낙동장교는 부산과 경남의 산업 물자와 농수

교통 블록으로 막힌 강서구 대저1동

끊어진 낙동장교(구포다리)

산물 수송의 주된 통로이자 길목이었다. 그렇다면 이 다리의 다릿목에 사람과 물자가 모여드는 것은 당연하다. 그러니 당시 대저 1동의 풍요는 예측하고도 남는다. 그러던 것이 구포다리의 붕괴와 지하철 건설 그리고 새 다리의 건설, 북부산을 지나는 남해고속도로와 이곳으로 접속하는 배후도로로 인해, 현재 대저 1동은 마치 거대한 교통 방벽에 둘러싸인 고립된 섬이 되었다.

대저 1동의 과거와 현재를 해설하던 한 주민 해설사는, 일제의 패망 당시 이 동네에 살던 일본인들은 조선 사람들에게 폭행을 당하기보나, 오히려 안전하게 부두까지 갈 수 있었다고 한다. 일본 사람들이 다치지 않도록 대저 주민들이 부산의 부두까지 데려다주었다는 것이다. 무슨 연유로 그런 일이 발생한 것인지는 해설하시는 분도 모르겠다고 하시는데, 이 일대가 일제의 식량 수탈의 역사와 직-간접적으로 관련이 있는 곳이라는 점을 생각하면, 당시 대저 주민들이 왜 그렇게 했는지 알 수 없었다. 일본 지주의 명령을 수행하던 조선인 마름이 마을 주민에게 혹독하게 대하다가 두들겨 맞아 죽었다는 얘기가 있는 걸 보니, 아마 일본인 지주가 자신의 자비로움을 위해 수족같이 부리던 마름에게 대신 악역을 맡겼거나, 일본인 지주가 보지 않는 틈을 타 조선인 마름이 사적 이익을 위해 마을 주심을 착취했거나 하는 의심이 들었다. 그런 대저 인

낙동강 칠백리 내부

낙동강 칠백리 입구

근에는 지금도 꽤 많은 일식 가옥이 남아 있다. 부산시 근대 건조물로 지정된 양덕운 씨 가옥을 비롯하여, 식당으로 쓰이다가 지금은 빈집으로 있는 이전 낙동강 칠백리 식당을 포함, 문용대 씨 가옥, 이기문 씨 가

양덕운 씨 가옥

옥, 이동철 씨 가옥 등 일식 건물들이 여전히 남아 있다. 현재의 고립을 무색게 할 정도로. 아마 부산의 외곽 경계지에 있다는 이유로 개발의 광풍을 피한 덕분일까?

이처럼 대저 1동 주변은 일제강점기의 흔적을 고스란히 간직하고 있다. 그러니까 대저는 소위 근대화라는 발전 논리와 수탈의 논리가 정확히 겹쳐진 상흔을 간직한 곳이다. 그러나 산업화의 시대에 이곳은 산업화의 논리를 비껴갔다. 여전히 농촌의 풍요로움을 간직한 시골 또는 도시 외곽의 전원이었다. 문제는 다리의 붕괴 그리고 농업 진흥과 무관한 국가적 개발정책 등이 이곳을 점점 소외되고 고립된 지역으로 몰아갔다는 점이다. 덕분에 심화된 동서 간의 격차, 이로 인한 인구의 이탈, 개발 논리로 인한 지역적 고립 및 황폐화 등 다양한 구조적 모순은 이 마을의 중층적 갈등의 요인이 되었고, 마을 분들을 서서히 개발 논리의 포로로 만들어갔다. 이에 부응이라도 하듯 재개발 바람이 불었지만, 주민들 가슴에 헛바람만 잔뜩 불어넣고 빠져나가기를 여러 차례. 강서구 대저1동 주변은 바람 빠진 고무풍선처럼 힘을 잃을 지경이 되었다.

여기에 강서 지역 내부의 남북격차라는 구조적 문제가 이 지역의 소외감과 열패감에 기름을 붓는다. 명지를 중심으로 한 남강서와 대저1동 주변의 북강서 중, 북강서는 근대성의 수혜를 받으며 출발했으나, 현재 극심한 슬럼화를 경험하고 있고, 명지와 녹산을 포함한 남강서 일대의 신도시 개발과 부흥으로 더욱 가중된 소외감을 겪고 있다. 재개발 계획 발표와 포기의 반복은 대저1동 주변에 즐비한 부동산 중계업체의 난입과, 창고를 빙자한 공장의 난입이라는 상처로 새겨져 있다. 덕분에 마을 주민들은 재개발에 대한 기대와 포기의 교차로 피로감이 역력하고, 개발에 대한 비전의 차이도 존재하는 탓에 그 피로감은 쉬 가실 줄 모르는 상태다. 심지어 자의적이고 불법적인 토지용도 변경이 난무하고, 그로 인한 배수 문제로 다수의 침수지역이 새로 생기기도 한다. 예산 규모가 부산시에서 가장 큰 지자체라는 이름이 무색하게, 밤에 가로등 하나 제대로 설치되지 않아 무서운 골목 지대가 많다. 심지어 가로등을 설치하려면 가로등 전력을 새로 공급하기 위해 전기공사를 다시 해야 하는데, 아직 그 예산조차 배정되지 않은 곳이다. 대저 일대는 이처럼 다양한 갈등이 상존하는 지역이 되었다.[1]

이러한 일련의 상처는 당산대왕이 있는 사일정四逸亭의 상황만 봐도

---

1. 강서구의 상황에 대한 소개는 30분 영화로 제작되어 있다. 다음 사이트에서 이 영화를 볼 수 있으니 참고하기 바란다. www.narak.kr/?page_id=463&uid=62&mod=document&pageid=1#kboard-document

사일정과 주변을 둘러 싼 공장들

알 수 있다. 이곳은 사덕 마을의 할매신과 번덕 마을의 할배신을 아우르는 대왕신이 있는 곳이다.(정작 해설은 이리 하셨으나, 대왕신이 확실한지에 대해서는 해설하시는 분들 사이에서도 의견이 분분했다.) 예전에는 1월 정월 대보름에 마을에 있는 큰 무당이 여기서 제를 지냈지만, 현재 그 일을 할 수 있는 무당이 없어서 사상 쪽에 있는 무당을 고용해서 해마다 제를 지내고 있다고 했다. 그런데 사일정은 현재 창고로 허가받았지만, 무단으로 용도 변경한 공장들로 둘러싸여 있다. 상황이 이런데도 꾸준히 와서 청소하고 관리하시는 무속인들이 계셨다.

채 씻기지 못한 근대화의 상처를 고스란히 간직하면서도, 이 지역은

동어촌 공사 정면

여전히 근대적 개발 논리로 가득 찬 욕망과 개발에 대한 시선 차이 그리고 근대적 개발 논리에 대한 반대와 개발에 대한 자포자기의 정서 등으로 오도 가도 못하는 상태다. 사일정의 처지는 마을의 상황을 고스란히 반영하고 있었다.

그러나 옛 기억과 전통을 고수하는 것으로 지역 발전을 일방적으로 막아서는 안 되지만, 그렇다고 정체성을 고스란히 축적한 과거의 파편을 간단히 걷어내는 것으로 개발을 정당화해서도 안 된다. 오히려 지역 발전의 그늘은 구태의연한 근대적 개발 논리의 관성을 유지하려는 안일함에 있다. 발전의 개념과 패러다임을 다시 생각하고 다른 것을 욕망해야 한다. 기존의 도심의 개발 논리나 타지역의 성공 사례를 여과 없이 차용한다고 해서, 강서구 대저1동의 지역이 갑작스러운 발전을 겪는다든가, 품격이 높아지는 것도 아니다. 역사, 문화, 예술, 인물, 환경 등

강서구 대저1동 지역에 남은 다양한 정체성 자원들에 기반을 두어 지역적 특색을 살린 변화만이 강서의 발전에 방향성을 제시할 것이다. 그렇지 않으면, 강서 지역은 간단히 상품으로 소비되거나, 막대한 비용을 들이고도 지역이 황폐해지는 일을 겪게 될지도 모른다.

강서구 대저1동 주변은 참으로 다양한 지역 자원들이 있다. 강서구 대저 1동 주변을 간단히 살펴보면, 앞서 언급된 것들 말고도 다양한 삶의 흔적들이 정체성 자원으로 남아 있다. 예컨대 강서구청 앞에는 100년이 훌쩍 넘은 대상초등학교가 있다. 이 학교는 해방 전에는 일본인 학교로 사용되다가 해방 이후 조선인이 다니는 학교를 거쳐 현재 약 70여 명의 한국인 아이들이 다니는 학교가 되었다. 근처에 역시 100년이 넘은 대지교회가 있고, 당산할매 당산할배 당산대왕을 모신 당산집도 있다.

이곳은 물에 얽힌 이야기도 많다. 현재의 신장로는 예전에 뻘 물에다가 철분 성분이 많은 물이라서 취수에 부적합했다. 반면 강서고 주변 번덕마을은 모래층이라 물이 깨끗해서 숭늉으로 쓰기도 했다. 대저의 뒷강 즉 서낙동강의 물이 매우 깨끗해서 뒷 강물을 주로 음용수로 사용했고, 뒷강 너머 신안마을의 맑은 물을 끌어 쓰기 위해 수관을 설치했다. 현재 북섬나루터에는 낡은 수관이 아직 남아 있다. 이 수관을 보러 북섬나루터로 가려면 반드시 대지양수장을 지나야 한다. 대지 양수장은 강서체육공원역에서 서낙동강을 바라보고 그대로 직진하면 도착할 수 있다. 길 끝 좁은 도로를 파고들어 북섬 나루에 도착하면, 저절로 감탄사가 나올 정도로 아름다운 비경이 숨어 있다. 이곳이 북섬나루터이다. 여기에 깨끗한 물을 먹고, 풍부한 농업용수를 사용하며, 강을 기반으로 다양한 생을 꾸리고 만나던 대저 사람의 삶의 흔적이 스며있다. 물론 물이 범람하여 고생한 흔적도 있다. 예전 활인정이라는 정자가 있던 곳 옆에는 팽나무가 있었는데, 마을이 물에 잠겨 홍수가 끝날 때까지 이 나무에 올라가서 마을 사람들이 살아난 적이 있다고 한다. 현재 그 팽나무는 사라졌지만, 대신 새로 심은(그래도 100년은 넘은 듯한) 팽나무가 그 자리를 대신하고 있다.

그러나 무엇보다 대저 1동 주변은 일제가 농지를 개간하여 쌀을 얻기 위해 눈독을 들이던 김해 삼각주 지역이었다. 일제는 동양척식회사를 설립한 이후, 여기에 일본인 농부들을 이주시켰고, 지역민을 강제 노역에 동원해 30Km에 달하는 제방을 건설하기에 이른다. 그리고 원활한 쌀 생산을 위해 1916년에 대저수리조합이 설립되고, 1932년에 대저

북선나루터 수관

제방이 완공(물론 33년에 제방 둑이 터지는 일이 벌어져 최종 35년에 제방이 준공된다.), 녹산의 배수 시설 등 수리 시설이 갖추어지면서 이 지역은 곡창지대로 변모한다. 현재 대저 1동의 구 농어촌 공사가 예전의 수리조합이었는데, 이곳은 1952년 2월 22일 오전 연합군제트비행기가 주변을 비행하다가 전선에 걸려 당시 대저수리조합 지붕에 떨어져 근무하던 직원 7명이 사망하고 3명 등이 다치는 사고가 생기기도 했다. 현재 이 파괴를 복구했던 복구비가 구 농어촌 공사 앞에 있다.

이런 과거를 쉽게 제거하지 않으면서 지역에 활력을 불어넣을 수 있는 방법은 없을까. 2016년에는 이곳에 문화 예술의 활력으로 지역의 중력을 형성하려는 일이 진행되었다. 신장로 도시재생 사업과 지역 협력형 문화예술 사업 '서낙토리' 공공예술 프로젝트가 그것이다. 부산문화재단과, 강서구청, 신장로 도시재생 사업단이 민주시민교육원 나락한알과 협력하여 진행했던 이 사업은 지역의 오래된 거점으로 구 농어촌 공사 뒤편의 비료창고를 선택했다. 약 60여 평의 이 창고는 마을 분들의 주목을 끌지 못하던 장소였다가 이 두 사업을 통해 새롭게 마을 주민의 주목을 받고 있다. 이 장소는 금수현 음악당 또는 지역 연극 공연장으로 용도가 확정된 상황(물론 확정은 언제든 변경될 수 있음을 전제한다.)인데, 이 용도로 공사에 들어가기 전까지 문화예술 교육과 전시의 거점으로 활용하려는 것이다. 이 사업은 2018년 구청이 자금을 출연하여 〈들낙날락 감성돔〉 프로젝트로 이어졌다. 이렇게 장소를 활용하는 것은 지역의 소중한 유산인 비료창고를 허무하게 파괴하거나 철거하지 않으려는 의도와 맞물려 있다. 마을 사람들에게조차 의미 없던 장소가

비료창고 전시장 임시 개장식

지역민에 의해 공적 관심의 대상으로 부각된다면, 보존과 개발은 지역 정체성을 해치지 않는 차원에서 훌륭하게 조우할 수 있을 것이다.

　일본강점기의 건축 방식으로 뼈대를 만들고 거기에 양철 외피를 입힌 비료창고 안에 들어서면, 대들보에 단기 4289년(1956년) 10월 25일 오후 5시에 상량 되었다는 글귀가 선명히 적혀 있다. 이미 환갑을 넘었다. 완주에 이와 거의 흡사한 공간(삼례문화예술촌)이 비슷한 용도로 이미 존재하고 있다. 지역의 특색을 살린 지역의 건물과 자원이 최근 새로운 개념의 랜드마크가 되고 있다. 기존의 거대한 규모의 위압적 랜드마크나, 단순 인구 동원형 랜드마크가 아닌, 주민의 지역적 삶이 스며든 유-무형의 친근한 랜드마크 말이다. 이런 랜드마크는 쉽게 관광으로 소비되지도 않고, 외지인이 지역에 습격하듯 방문하는 것도 막을 수 있다.

비료창고 대들보와 상량 년월일

비료창고 내부 트러스트

비료창고 벽면 기둥

　부산에도 이런 식의 건물이 거의 남아 있지 않은 상황에서 이 옛 건물의 용도를 달리하여 현재와 새롭게 조우시키는 문화–예술 작업은 대저 지역만의 정체성 자원을 보존하는 데 그치지 않는다. 이제 남은 것은 과거와 현재가 만나 발생시키는 충격 효과가 어떻게 기존의 결을 끊고 새로운 사건을 만들어낼지 아니면, 구태가 된 재개발의 폭류에 허무하게 휩쓸려 갈지는 두고 볼 일이다.

최근 이 장소와 건물에 관한 흉흉한 소문이 떠돈다. 소문에 의하면 재생과 관련된 일련의 활동을 전면 중지한 채, 100억 대 건물을 그 장소에 올린다고 한다. 토건적 개발의 담론은 이곳에 자신의 위력을 토해내고 말 것인가? 지역 발전의 새로운 패러다임과 담론은 여전히 토건 담론에 맥을 못 출 것인가? 부디 저 소문이 그저 소문에 그치기를 바란다.

낙동강

낙동강칠백리

대저수문

농협창고

구포다리

서낙동강

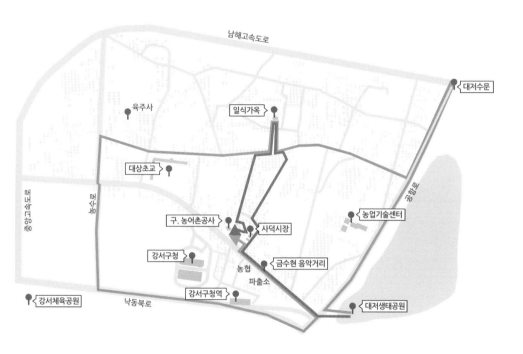

남해고속도로

대저수문

육주사

일식가옥

대상초교

중앙고속도로

농수로

구. 농어촌공사

사덕시장

농업기술센터

강서구청

농협

금수현 음악거리

파출소

강서체육공원

낙동북로

강서구청역

대저생태공원

| 도보투어코스 (30분 소요) | 대저생태공원 → 구포장교(신장로길소개 · 번영의문소개) → 금수현로 → 사덕시장
 → 양덕운씨가옥(부산시 근대 건조물) → 구.농어촌공사(생태 체험) |

| 버스투어코스 (1시간 소요) | 대저생태공원 → 구포장교 → 대저수문 → 양덕운씨가옥(부산시 근대 건조물) → 수로도랑
 → 금수현생가 & 노래비 → 신장로길 → 사덕시장 → 구.농어촌공사(생태 체험) |

지도에서 누락된 것들

낙동강의 변화

강서의 이야기를 조금 더 해보자. 앞글에서 강서 도시 재생을 중심으로 근대성의 상처를 건드렸다면, 이번에는 본격적으로 강서 지역에 침입한 근대성을 살펴본 후, 낙동강 건너 사상과 감천에 이르는 근대성의 흔적을 살펴볼 것이다. 아래 그림을 보자.

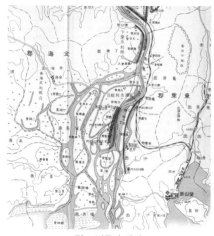

그림 1. 낙동강 옛지도   그림 2. 지금의 낙동강

위 그림 1과 2는 어떻게 다른가? 마치 틀린 그림 찾기 하듯 지도를 살피면 ①서낙동강이 지금보다 좀 더 크다는 것, 그리고 ②낙동강의 지류가 지금보다 좀 더 많고, 그래서 ③삼각주가 훨씬 다양하게 발달하였다는 것이다. 끝으로 ④을숙도 아랫부분의 섬들이나 등들이 예전에는 세로로 길쭉한 형태로 자리를 잡았지만, 오늘날에는 낙동강과 수직의 형태, 즉 가로로 형성되어 있다는 것이다. 강에 어떤 변화가 있었던 것일까? [1] 뒤 페이지의 그림을 보면 간단히 알 수 있다.

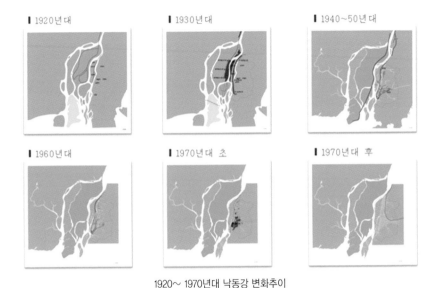

■ 1920년대　　　　　■ 1930년대　　　　　■ 1940~50년대

■ 1960년대　　　　　■ 1970년대 초　　　　■ 1970년대 후

1920~1970년대 낙동강 변화추이

　　낙동강 직할하천 공사가 시작된 이유는 홍수를 방지하고, 농토를 확보하기 위함이었다. 강서 지역은 실제로 홍수 피해가 컸다. 예를 들어 안동에서 물난리가 났다는 소식이 전해지면, 꼭 3일 후 밀양부터 물이 차오르기 시작해서 제방을 넘칠 듯 물이 차기 시작한다. 지금의 강서지역에 있는 활인정은 조선 시대 때 강이 범람했을 때, 마을 사람들이 떠내려가지 않기 위해 마을의 당산나무인 팽나무 위로 피신해서 살아남았다 해서 활인정이라 이름을 붙였다고 한다. 지금은 당시의 팽나무는 없지만, 다른 팽나무가 오랜 세월을 간직한 채 당산나무의 역할을 이어가고 있다.

---

1. 섬은 식생이 펼쳐지고 땅으로 인정받아 주소로 등록되어 정식으로 지도에 표기되지만, 등은 물 위와 물 속의 모래톱의 상태로 아직 식생이 안정적으로 펼쳐지지 않아, 땅으로 인정되지는 않는 그래서 주소 등록도 되지 않고, 지도에서 누락될 수도 있다.

이처럼 잦은 홍수 문제를 해결하기 위해 일제는 대동에 수문(지금의 대저수문)을 설치하고 강서지역의 농토를 확보하면서 동시에 서낙동강을 지류화 하는 공사를 시작했다. 이 공사는 대정 15년(1926)부터 소화 1년의 기공 이후 소화 12년(1937년)까지 진행되었다. 강폭은 상류부와 하류 부근에 따라 다르게 설정하였다. 이 기준은 현재 낙동강의 가장 넓은 강폭 400m로 하여 상류부는 강과 둔치를 포함한 지형의 정도를 고려하여 500m~600m로 설정했다. 그리고 평야 지대가 밀집되어 있는 하류부인 물금 이하의 강 하구 평야는 상류부보다 넓은 1,000m로 기준을 잡았으며 바다와 만나는 하구 부근은 2,000m 정도로 결정하였다.

이와 아울러 낙동강의 범람을 막기 위한 제방 공사가 진행되었는데, 제방의 최고 높이는 기존의 홍수 기록을 참조하여 진행되었다. 삼랑진에서 상류는 명치 18년의 최대 홍수 수위(양수 표시 최고) 1.2m를 기준으로 약 1.8m 정도 여유 있게 제방을 쌓았으며, 양산수리조합부근 이하 등 강 부분은 유량과 바닷모래 양을 고려하여 약 1.5m의 여유를 두고 최고 높이를 결정하였다. 제방의 형태는 마답(말발굽)형태이고, 제방 내 최고 높이는 직각 높이로 3m 또는 4m의 위치로 폭 3m 정도를 층층이 쌓은 형식에 갑문 형식의 배수문을 건축하여 설치하는 공사였다. 사용된 재료 중 자갈은 동래군 사하면 다대포 해안에서 청부인을 통해 채취시켜서, 낙동강 상류 부분 도선 수문 공사용으로 사용하였다.

강을 직강화하는 것은 비단 일제강점기 때문이 아니라, 해방 이후 근대화를 서두르던 70~80년대에 이르기까지 종종 볼 수 있었던 장면이다. 이러한 공사는 대체로 경지를 정리하여 농경지 및 산업용 부지를 확보하기 위함이다. 낙동강 직할하천 공사는 실제로 동양척식회사가 주도하여 대농지를 확보하고, 기존의 농사인 쌀농사를 대신할 수 있는 대체 작물을 재배하기 위한 측량 사업도 함께 진행하였다. 이 중심이 되는 장소가 바로 대저지역이다. 일본 식민지 시대의 농업정책은 일본 이주민들이 넓은 평지를 활용할 수 있도록 마을 전체가 이주하는 방식을 취한다. (강서지역과 유사하게 포항의 구룡포 역시 마을 전체가 이주한 곳이다.)

당시 일본 사람들은 주로 하와이로 이주하는 것을 가장 선호했고, 조선으로 이주하기를 두 번째로 선호했다고 한다. 이유는 조선이 자신이 살던 곳과 환경이 비슷했기 때문이다. 제방을 쌓고 수문을 만들어 땅을 정리한 후, 일제는 이곳의 벼농사를 배농사로 전환시킨다. 이곳의 일식 가옥은 그때 만들어진 것이다.

일식가옥

현재 남아 있는 양덕운 씨 가옥이 강서에서 가장 큰 일식 가옥 또는 적산가옥 중 하나다.[2] 양덕운 씨 가옥은 전면에 소나무, 사철나무, 동백나무들로 정원을 형성하고 있다. 일본 사람들은 정원을 매우 중요하게 생각했는데, 이곳도 그렇다. 여기에 집주인의 안목과 성향이 보인다. 정원을 바라보는 뷰포인트도 중요하다. 정원을 보는 엔카와(복도)가 건물 전면에 배치되어 있고, 후면에 사랑방(응접 공간)이 있고 그 뒤에 안방이 있는 형식이다. 겹처마 형식으로 만들어진 본동 건물은 일부 배면부만 증축하고 그 외는 원형이 그대로 보존되어있다. 특히 일식 말굽서까

양덕운 씨 가옥

래와 눈썹지붕이 특징인데, 눈썹지붕은 2층 구조로 된 지붕으로써 일본 북부의 가옥 양식이다.[3] 그러니까 강서는 일본 북부지방 사람이 정착한 곳으로 보면 된다. 그 밖에도 이 집은 아마도 형식의 돌출 창 등이 그대로 보존되어 있다. 아마도는 심한 바람이 불거나 밤에 복도의 유리문을 덧문으로 달아두는데, 아마도는 이 덧문을 두는 공간이다.

집 내부의 경우에는 오시이래, 일식 붙박이장, 금고 형식의 수납공간이 존재한다. 특히 도코노마라고 족자나 화집을 두는 곳이 있다. 주로 책을 읽기도 하는 이곳은 집안의 정신, 소위 가풍이 깃든 곳이다. 심플

2. 적산가옥에서 적산이란, 적이 남기고 간 재산이라는 뜻이다. 요즘은 적산이라는 말보다는 일식가옥이라는 말을 더 많이 쓴다.
3. 일식기와와 조선식 기화에 대해: 조선식 기와는 볼록하고 오목한 암/수 기와로 만들어진다. 이는 나무를 사용할 때 나무를 깎아서 연결하지 않기 때문에, 교차점을 새끼로 묶고 거기에 다시 흙을 덧대서 고정하는 방식을 사용한다. 따라서 기와가 올록볼록할 수밖에 없다. 그러나 일본은 나무를 깎아서 서로 교차시키므로 기와가 올록볼록할 필요가 없다. 따라서 일식기와는 S자 플레이트 형태로 만들어진다. 그리고 조선의 기와는 기와의 끝을 마무리하는 큰 규모의 수막새암막새가 필요한 반면, 일식기와는 그냥 막새만 있을 뿐이다.

아마도

엔카와

후쓰마

한 형태를 추구하는 일본 건축에 장식을 통해 가풍을 드러내려는 장소 두 개가 있는데, 그곳이 바로 도코노마와 환풍창인 후쓰마이다.

흔히 일식 가옥의 형식은 본동과 부속동으로 나뉘는데, 부속동은 주로 배창고로 사용된다. 이 집은 옥외화장실도 그대로 남아있다. 부속동은 지하에 견치석을 만들고 그 위에 집 모양의 건물을 설치한다. 이에 반해 이진태 씨 가옥은 비교적 규모가 작은데, 전통 일식 포치 형태의 입구는 계단 두 단으로

이진태 씨 가옥

돼 있어서 집의 하부가 높다.

이진태 씨 가옥 옆에 대지양수장이 있다. 대지양수장의 대지는 큰 땅이라는 뜻인데, 이 양수장은 1934년에 수로 공사와 제방공사를 다시 하면서 새로 지을 필요가 생겼고, 이후 1945년에 새로 크게 지었다. 2.1Km의 견치석이 장관을 이루는 곳이다. 수로의 폭은 8m이다.

대지양수장

　　대지양수장은 이곳 강서 북섬 나루터에서 물을 퍼 올려서 대저지역
약 1,142.7ha 정도에 농업용수를 공급했다. 이러한 농사 기반 시설이
근대식 농업을 고민한 결과지만, 수탈을 위한 것이기도 했다.

사상생활사 박물관과 재첩골목

이렇게 강서를 둘러보고 사상으로 넘어가다 보면 재첩 골목이 나오고 연이어 사상생활사박물관이 나온다. 이곳은 전국 최초의 구립 박물관이다. 하굿둑이 만들어지기 전 낙동강은 재첩이 많이 잡히던 곳이었다. 이 박물관에도 재첩의 기억이 있다. 재첩 골목은 서민의 주린 배를 다스리던 곳이었다. 그러나 정작 재첩국을 팔아서 돈을 많이 벌 수 없었던 가게 주인들은 강게를 잡아서 간장게장을 팔아 생계를 이어간다. 강 하구의 섬과 등이 강과 수직하여 수평이 된 것은 염분의 유입을 막고자 하굿둑이 만들어지고 나서부터다. 그러면서 낙동강의 재첩은 사라지고, 가게도 사라진다. 갈대로 빗자루를 만드는 분은 이제 한 분만이 남아 그 명맥을 잇고 있지만, 계속 그 명맥을 이을 수 있을지는 미지수다. 많은 것이 바뀌고 사라졌다.

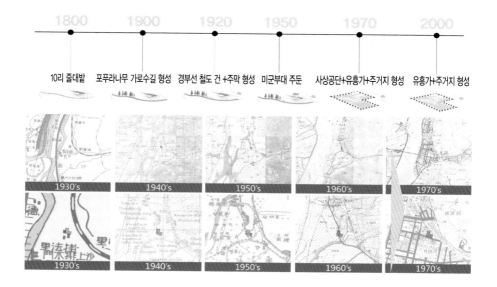

사상은 일제식 근대화가 아닌 개발 독재식 근대화로 산업화가 한창 진행되던 곳이었다. 사상생활사박물관은 사상에 살고 있는 서민의 이야기를 담은 곳으로, 일제 강점기부터 현대까지의 사상 주민들의 삶과 그 속에 녹아있는 다양한 흔적들을 소개하고 있다. 이 박물관은 농경사회에서 근대 공업화 사회로 넘어가는 사상의 변화 그리고 그 속에 숨은 수많은 이야기들(재첩국, 대흥농장, 신라고무, 신흥304, 국제상사 등)이 진솔하게 소개되어 있다. 1800년에 사상은 10리 줄대밭(갈대를 이은 밭)을 형성하고 있었고, 1900년대에는 줄대밭을 대신하여 포플러나무 가로수길을 형성했다. 이것이 1920년대 경부선 철도 건설로 주택지로 바뀌었고, 40~50년대 미군 부대가 주둔하게 된다. 1970년대에는 사상 공단과 유흥가와 주거지가 형성되어 지금에 이르렀다. 사상공단 시절 서민들이 지친 몸을 누이던 날날이집(나래비집)은 100:70의 비율로 박

사상공단의 굴둑연기

날날이집

물관에 재현되어 있는데, 집들이 다닥다닥 붙어 있다고 해서, 그러니까
'건물이 나래비로 섰다'하여 나래비집이라고 불렀다고 한다. 이곳에 오
면 당시 여기 깃들어 살던 서민들의 애환, 즉 개발과 발전의 그늘에 가
려 지워질 뻔한 민초의 삶을 부족하나마 엿볼 수 있다.

감전동 뽀푸라마을을 끝으로⋯⋯

사상에서 감전동 쪽으로 차로 5분 정도 이동하면 감전동 포푸라마치
에 도착하게 된다. 포플러 나무가 심겼던 곳이라 해서 포플러의 포푸라,
거리라는 뜻의 마치, 그래서 포푸라마치라고 부르게 된 이곳, 감전동 포
푸라마치의 형성 과정은 이렇다. 미국 통신부대가 40년에 들어오면서
양공주들이 들어오고, 73년 공단이 들어서서 더 번창한다. 방의 구조를
살펴보면, 1층은 홀이고 2층은 숙소 겸 방으로 사용되었다. 집 앞에 의

감전동문화센터(예정)

옛 뽀푸라마치 거리

자를 두고 앉아 있는 상황이었다. 현재 구청에서 감전동 105-11번지 일대를 7080 복고 마을로 만들려고 한다. 그중 2층짜리 빈집을 구청이 매입하여 리모델링해 '7080 음악'과 DJ 등을 갖춘 '포푸라맞이 다방'(가칭)과 마을 관리사무소를 설치하여 주민 커뮤니티 시설로 운영할 예정이라고 한다. 감전동 포푸라마치는 1986년을 기

뽀푸라마치의 옛흔적

점으로 유흥업소 억제 정책과 매춘 금지 정책 그리고 사상공업 단지의 쇠퇴로 인해 급격히 쇠락했고, 현재는 주거지가 되었다. 그러나 아직도 주거지는 당시의 집창촌의 흔적이 그대로 남아있는 도시의 이면의 장소다. 부산은 완월동, 범전동 300번지, 하마정, 봉래동 창고군 뒤의 최초 유곽, 구포, 감전동, 부산역, 부산진역 등 다양한 곳에서 매춘이 성행하였다. 매춘의 흔적을 달가워하지 않는 감전 주민분들은 이곳이 조선 시대에 영남 대로의 첫길이었다며 이 장소를 그렇게 기억해달라고 하신다.

하지만, 포푸라마치 마을에는 주민들이 모르는 더 짙은 상처가 새겨져 있다. 1945년에 미군이 주둔하고 이들을 위한 기지촌이 설치가 된다. 이어서 1957년에는 한국 정부가 UN과 함께 국가가 '외국군을 상대하는 매춘 여성에 대한 성병 관리를 한다.'는 합의문을 만든다. 이 법 4조에 따르면 미군 상대 성매매 여성을 '위안부'로 칭하며 위안부는 1주 2회씩 성병 검진을 받도록 명시하고 있다. 미군 상대 성매매 여성을 정부가 관리한 것을 증명하는 셈인데, 정부가 성매매를 불법으로 선언할 때에도 미군 상대 성매매는 예외였다. 구체적으로 말해 1962년에 한국 정부가 UN 인신매매금지협약에 가입하여 그에 따라 법(윤락행위 등 방지법)을 발효한다. 이때도 성매매 단속 예외지역을 설치하는데, 이를 '적선지대赤線地帶'라고 한다. 이 적선지대를 국내 104곳에 설치하는데, 이 적선지대는 성매매 집결지로서 일명 '사창가'를 말한다. 그래서 이 104곳에서는 성매매 영업이 가능했다. 이처럼 박정희 정권인 1960년 이후부터 정부의 성매매 시장 개입은 더욱 심해졌다. 심지어 공무원들이 위안부에게 "다리를 꼬고 무릎을 세워 앉으라."라는 등 자세 교육을 시키기도 하고, '국내 안보 강화'를 위해 "최선의 서비스를 해 달라."라고

---

4. http://news.sbs.co.kr/news/endPage.do?news_id=N1004676382&plink=ORI&cooper=DAUM 여기서 용산경찰서장의 공문과 정부의 기지촌 정화대책 전문을 볼 수 있다.

당부까지 하기도 했다. 이후 1977년 박정희 기지촌 정화대책 발표를 했지만, 여기서도 국가가 사실상 미군의 포주 역할을 했던 셈이다.[4] 감전의 역사는 바로 이러한 큰 흐름 아래 속해 있었다.

두 개의 글에 걸쳐 우리는 일제강점기의 식민, 수탈의 경험(강서)에서 출발하여, 개발 독재시대의 근대화(사상)를 지나, 그 근대화의 이면(감전)까지 파고들었다. 개발과 근대화가 남기는 상처는 개발과 재생을 빙자한 철거와 추방의 연속이다. 동시에 지도에 기록되지 않고 역사에서 누락되는 존재들이 대량생산된다. 일식 가옥은 남았어도, 그 주위에 생활하던 민초의 흔적을 찾기란 쉽지 않다. 개발의 광풍을 영웅적으로 기념하는 곳에 개발의 이면은 어서 지워서 외면해야 한다. 그 대표적인 사람들이 '감전' 포푸라마치에 살았던 사람들이다. 일제와 독재, 그리고 민주화운동조차도 가부장 문화로 서로 공모하며 은밀히 즐기고 표면적으로는 외면했던 사람들이 감전에 있었다. 시장(자본)과 행정(국가)은 화폐와 권력을 수단으로 움직이는 서로 다른 체계, 심지어 하나로 환원될 수 없는 독립적 체계라곤 하지만, 사실 가부장제라는 매듭의 오른편과 왼편에 불과했던 것이다. 근대화−합리화−문명화는 모두 남성 젠더화에 포함되지 않는 것들을 배제하면서 형성된 질서였다. 그래서 남성 젠더 질서는 자본을 매체로 하면 가부장적 시장으로, 권력을 매체로 하면 가부장적 국가로 자신의 모습을 드러냈다. 시장과 국가는 결국 가부장제라는 동전의 양면이었던 것이다. 감전은 그 근대라는 폭력이 젠더 폭력과 결부되어 중층적 폭력을 새긴 곳이었다. 낙동강을 건너면서 보앉던 4대강 녹조의 오염된 푸르름 역시 가부장 근대라는 젠더 폭력이 폭력으로 배제했던 야만, 그렇기에 역사(문명사)에 기재될 수 없었던 자연이 토해낸 신음이리라.

개발, 발전, 진보, 생산 담론을 앞세운 근대는 정작 뒤에서 저개발, 야만, 전근대, 재생산으로 간주한 것들을 추방하고, 파괴하며, 억압하고 배제했다. 도시 부산 곳곳에 근대의 영광이 새겨져 있듯, 근대의 상처도 고스란히 남아 있다. 그리고 그 상처들이 다시 지워지고 덮인다. 다시 지우고 쓰는 장소는 여전히 다양한 잡음과 소동이 일어나기 마련. 하지만 근대가 남긴 폭력의 기념비가 어디 이뿐이랴.

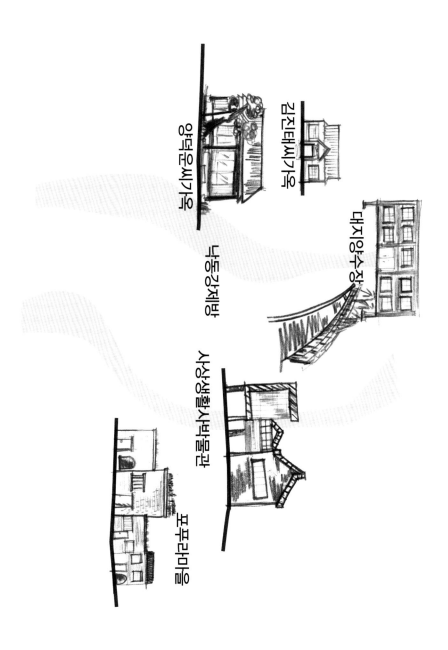

김진태씨가옥

양덕공씨가옥

낙동강제방

대저양수장

사상생활사박물관

포푸라마을

영도, 희망과
상처의 이중인화

영도다리

　기억이 필름이라면 영도는 풍요의 섬으로 편집될 것이다. 아니, 영도는 박탈과 상처의 섬이 될 수도 있겠다. 이 이중성을 영화의 이중노출로 표현해보자. 풍요의 전경前景을 페이드아웃fade out하면서 서서히 박탈과 상처의 후경後景을 부각fade in시키는 것이다. 이제 영도는 풍요와 동시에 박탈의 섬으로 드러난다. 영도에 입도入島하여, 서 있는 자리 바로 아래를 파면 옛 거리와 전차 선로가 그대로 나온다고 하니, 영도는 실로 영화적 이중노출의 물리적 현실태다.

　하지만 이런 이중노출을 더욱 노골적으로 재현하는 물리적 장치이자 풍경이 있다. 영도다리다. 근대 초기 사회학자 게오르그 짐멜에 따르면, 다리는 분리된 두 사물을 연결해주는 장치이다. 사물들이 '연결'되기 위해서는 반드시 서로 다른 둘 이상의 사물이 '고립'되어 있어야만 한다.

다리는 자연적으로 우연히 고립된 두 사물들을 필연적으로 '연결'하는 인공의 장치다. 동시에 다리는 두 사물 사이의 거리를 극복하려는 초월적 의지를 형상화한다. 다리가 그 자체로 '미적 대상'이자 '자연 풍경'이 될 수 있는 이유다.[1]

다리와는 달리 문은 열리면 길이 되고, 닫히면 벽이 된다. 내부와 외부를 분리하면서 연결하는 것이 문이다. 내부의 폐쇄성과 외부의 개방성. 유한성으로 닫히거나 무한성으로 열리거나. 그래서 짐멜은 "문을 통해 삶은 자기 자신만의 공간을 벗어나 세상으로 나아가기도 하고, 또한 세상으로부터 물러나 자기 자신만의 공간으로 들어가기도 한다."라고 했다.[2]

그렇다면 도개교跳開橋인 영도다리는 다리와 문의 '이중성'을 모두 가지고 있는 복합적인 장치 아닌가. 분리된 두 곳을 연결하면서 개방성/폐쇄성을 동시에 지닌 다리, 도개교 영도다리. 1950년 한국전쟁의 참상을 피해 피란避亂 온 사람들이 도착했던 한국 최남단 지역 중 하나. 피란처 영도에 놓인 다리는 위험으로부터 사람들을 내부로 수용한 동시에 고향을 잃은 사람들의 그리움을 외부로 발산하는 물리적 장치였다. 피란 중 헤어지면 만날 대표적인 장소가 영도 다리이기도 했고, 고달픈 삶을 그만 마감하기로 마음먹은 사람들이 바다로 뛰어들던 곳이기도 했다. 물리적 이중장치 영도다리는 만남과 이별, 희망과 절망이라는 사회적—정서적 이중성으로 점철되어 있다. 피란민들에게 낯설고 외진 땅이

---

1. 게오르그 짐멜, 김덕영 외 옮김, 『짐멜의 모더니티 읽기』, 새물결, 2005, 265-267쪽 참고.
2. 게오르그 짐멜, 위의 책, 269쪽.

자, 고향이 될 수밖에 없는 아이러니의 땅이었다. 다리이자 문인 영도
다리는 영도의 이중성을 드러내는 알레고리가 되었다.

　　예부터 명마를 키우던 섬이었기에 목도牧島라 불리었던 풍요의 섬 영

도는, 견훤의 후백제에 말을 공급했다는 이유로 고려의 탄압을 받던 미
움의 섬이기도 했다. 영도다리를 건너 전차가 정차하던 역의 이름이 목
도牧島 입구(영도입구역)—목도본정(牧島本町, 영도역)—목도종점(牧島終點,
영도종점)이 된 것은 그 옛날의 풍요를 기억하기 위함일까. 목도가 영도
가 된 것은 아시다시피 절영도絶影島라는 이름에서 '절'자가 빠졌기 때문
이다. 영도의 말들이 너무나 빨라서 한번 달리면 그림자가 끊어진 듯이
달린다는 의미로 절영絶影이라는 말을 썼는데, 더 이상 목장의 기능을
할 수 없었던 영도는 근대에 접어들면서, 전前 근대의 흔적을 담고 있는
절絶자마저 절絶해버린 것 아닐까.

절영의 섬으로 끊어질 듯 이어진 절연絶緣의 다리를 건너면, 제일 먼
저 현인 선생의 노래비가 나타난다. 현인 선생의 〈굳세어라 금순아〉의
노랫말이 떠오른다.

일가친척 없는 몸이 지금은 무엇을 하나/ 이내 몸은 국제시장 장사 치지만/ 금순아 보고 싶구나 고향 꿈도 그리워진다/ 영도다리 난간 위에 초생달만 외로이 떴다

영도는 영도다리를 통해 피란민에게 생의 터전이자 제2의 고향, 정착지로서의 안정성과 바깥을 향한 애절한 그리움을 담은 이중의 정서로 우리를 맞는다. 영도다리는 한 편으로 국내 유일의 도개교로서 근대 기술의 위용을 보여주지만, 다른 한편으로 그 위용 뒤에 근대적 폭력인 전쟁과 개발의 멜랑꼴리를 숨겨두고 있다. 자갈치에서 영도로 넘어가는 낮고 비좁은 배를 타봤던 철없던 나의 낭만과 당시 배가 자칫 전복될 뻔하여 그 뒤로는 좀처럼 배를 타지 않으려 하시던 어머니의 공포가 영도다리 위로 오버랩 된다. 지금의 영도다리는 예전 편도 2차선 다리를 3

차선 다리로 개보수한 것이다. 다리가 넓어져서 교통 혼잡이 해소되어 좋다는 분, 다리를 도개하는 웅장한 모습을 다시 볼 수 있어 좋다는 분도 계시지만, 예전 모습을 잃은 개조를 여전히 불만스러워하는 분도 계신다.

제염소와 그 외 산업유산

영도로 난 근대의 흔적을 쫓아 옛 영도 전차역 앞에 서니, 홍순연 선생은 여기서 땅 아래 약 60cm를 파면, 전차의 선로가 그대로 나올 것이라고 한다. 발아래에 1930년대의 기억이 화석처럼 매립되어 있다니. 시작부터 예감된 이중성은 여기서 비동시성의 동시성이라는 시간 체험으로 되살아난다. 단 세 개의 정차 역이 있었던 부산 전차의 영도지선은 다리 개통과 함께 34년부터 68년까지 운행된다. 전차가 다녔나는 것은

영도에 산업적-경제적 잠재력이 있었고, 그 잠재력을 따라 이동하던 인구를 이동시킬 장치가 필요했음을 의미한다.

옛 목장의 기능을 상실한 영도에 다양한 산업이 먼저 들어온다. 1900년도 영도의 영선정에는 영도의 좋은 흙으로 수제 벽돌을 만드는 공장이 5개 정도 들어서 있었다. 영도의 좋은 흙으로 벽돌을 만들던 산업은 순차적으로 도기 산업에서, 법랑 제조 산업으로 이어진다. 뿐만 아니라 1920년 이후에는 다양한 제염소가 영도에 들어선다. 야마시타 제염소, 시라이시 제염소, 히가시마츠 제2제염소, 타니모토 제염소 등이 그것이다. 근대 산업화가 가속화되면서 1934년 이후 영도에 가내수공업 공장이 사라진다. 그 자리를 대신해 조선산업이 들어섰다. 근대 최초의 조선소인 다나카 조선소가 들어섰는데, 영도 대평초등학교에 이를 기념하는 기념비(한국근대조선발상유적지비)가 있다. 이어서 한진중공업의 전신인 조선중공업주식회사도 영도로 들어온다. 조선중공업주식회사는 일본의 미쓰비시사가 1937년 7월 부산 영도에 설립한 것으로, 1938년에 3,000톤급 건조대 2기, 6,000톤급 도크를 갖추어 본격적으로 조선업을 시작했다.

특정 지역에 다양한 산업이 유입된다는 것은 인구 증가와 필연적인 관계를 맺는다. 영도 역시 이 시기에 많은 인력이 유입된다. 도기 공장인 조선경질주식회사에서는 근대 초기 한국 예술가들이 도기에 그림을 그리며 나름 생계를 이어가기도 했다. 이중섭도 여기서 일했다고 하니, 실로 다양하고 많은 인력이 영도로 유입된 것이다. 이렇듯 영도는 항만과 물류 및 인력 이동의 중심지가 되었다. 많은 인력이 모이게 되면 고

된 노동을 다스려야 할 필요도 생기는 법. 영도에 다양한 양조장이 들어선 것도 그 이유 때문일까.

인구의 대량 유입은 도시정비의 필요로 이어진다. 부산의 남항 매축과 함께 영도 매축 시작된 것도 그 때문이다. 1934년 영도에 격자무늬 도시계획이 이루어지고, 나홀로 아파트가 등장하기 시작한다. 1890년경에 지어진 일본 전통 점포주택이자 도심형 주택인 마츠야도 등장한다. 영도가 옛 모습을 벗고 근대 도시의 파사드를 만들어가기 시작한 것이다. 이렇게 형성된 도시의 모습은 현재에도 그대로 남아 있다. 1960년대 등기부등본과 건축물대장을 만들 때, 일본 강점기에 만들었던 자료를 그대로 사용했고, 그것이 지금도 이어지고 있다고 한다. 건물은 달라져도 격자로 계획된 바닥의 패턴은 그대로 사용한다는 것이 홍순연 선생의 설명이다.

오늘 기행의 가장 큰 초점은 영도의 산업적 잠재력을 뿜어내던 건물들 중 하나인 제염소다. 홍순연 선생은 일본 강점기 때의 지도를 비교해서 거의 100년이 다 돼가던 제염소를 힘들게 발견했다고 기뻐했다. 건물도 거의 원형 그대로 남아 있는 것 같다고. 근대가 조선에 새겨둔 길을 따라가는 여정을 마무리하고 난 뒤에, 영도의 제염소로 가는 여정이 추가된 이유도 이 때문이다. 우리가 방문한 곳은 약 1920년경에 설립된 시라이시 제염소다. 일본 강점기에 사용한 것으로 보이는 붉은 벽돌로 된 단층 건물이 꽤 오래된 기억을 새기고 있는 듯했다. 같이 온 일행은 마법처럼 생환한 과거를 눈앞에 두고 채 입을 다물지 못했다. 평범한 지금의 일상에 도사리고 있던 과거가 신비로 탈바꿈할 때의 경험, 진부한 일상이 경이로운 광채를 내는 경험 앞에서는 누구나 비슷한 반응을 보일 테다.

경이의 침묵은 잠깐, 제염소 공장은 온천과 떼려야 뗄 수 없다는 설

명이 이어진다. 측면의 공들인 박공은 시라이시 제염소가 단순히 건축비의 효율성만을 고려해서 지어진 건조한 건축물이 아님을 보여주었다. 영도의 제염소는 물을 가두고 온천의 열로 증류를 하면서 해수 속 소금을 채취한다. 영도의 온천은 제염 산업의 자연적 기반이었던 셈이다.

하지만, 온천을 산업용 도로만 사용할 리가 없다. 일본은 온천의 나라 아니던가. 식민지에 거주하던 일본인들이 가만히 있을 리 없다. 온천욕을 즐기기 위해 일본 사람들은 자신들의 거주지와 가장 가까운 곳으로 가기 위해 전차 지선을 놓았다. 전차 종점으로 표기된 장소(목도종점牧島終點 또는 영도종점 표지석) 인근에 부도장이라는 온천욕장과 그 인근에 더 큰 온천욕 장터가 있었던 것은 우연이 아니다. 뿐만 아니라 온천욕장 인근에 수좌라는 영화관도 있었다. 온천욕도 하고 영화도 즐겼던 것이다. 근대도시 부산의 일본인들은 온천장으로 온천욕을 하러 가기 위해 전차를 놓고, 영도에도 그리했다. 해운대에는 온천과 해수욕을 즐기기 위해 동해남부선을 이용했으리라. 그러나 조선인의 삶은 일본인의 삶과는 거리가 멀었다. 영도도 마찬가지였다.

영도의 제주

영도에 살던 조선 사람들 중에는 아주 먼 곳에서 강제 이주해온 사람이 있다. 영도에 유입된 인구는 비단 전쟁 피란민만 있었던 게 아니다. 피란민 유입 이전에 이미 제주민의 유입이 있었던 것이다. 바로 제주 해녀의 유입이다. 일본 사람들은 해조류 소비가 많았는데, 그중에서 우뭇가사리는 값비싼 해산물에다 수요도 많았으므로, 대량 채취하여 수출

하면 수익이 만만치 않았다. 마침 영도에 질 좋은 우뭇가사리가 많이 났다. 당시 부산의 여러 객주들은 일본으로 우뭇가사리 같은 해초들을 수출하고 있었는데, 1929년 동아일보 보도 내용에 따르면 우뭇가사리는 미역의 1,000배를 웃도는 가격에 판매됐다고 하니, 우뭇가사리가 창출할 수익을 누가 무시할 수 있을까. 이런 상황에서 일제는 우뭇가사리와 같은 해초들을 채취하기 위해 제주 해녀를 영도에 직접 강제 이주시켰다. 일본인들이 잠수기를 동원해 제주도 어장의 전복과 해산물을 남획하면서 발생했던 이주는 간접적인 방법이라 하겠다. 1883년 조일통상장정이 체결된 이후의 일이다. 당시 제주 해녀가 출향 또는 출도 한 곳은 비단 경상도뿐만 아니라, 강원도, 남해 다도해, 함경도를 넘어, 일본의 도쿄, 오사카, 중국 칭다오, 다롄, 러시아 블라디보스톡에 이르기까지 상당히 폭넓었다.

영도에 유독 제주의 흔적이 많은 이유는 이 때문만은 아니다. 1948년 제주에 4.3사건이 터지면서 제주 해녀들은 뭍으로 피란 와야 했고, 그중 제주와 환경이 비슷한 영도에 정착하게 되었다. 제주도민회관과 제주은행이 부산 영도에 지점을 두고 있는 이유노 ㄱ 때문이다. 영도에는 제주 출신 해녀 할머니만 약 150여 명이 살고 계시며, 제주 돼지고기나 고기국수 등을 파는 가게도 종종 볼 수 있다. 심지어 제주 자리돔 전문점들도 볼 수 있다. 문득 제주와 영도 모두에 할머니 전설이 있다는 생각이 들자, 이런 생각이 따라 나온다. '어쩌면 영도의 봉래산 할머니 전설도 제주의 흔적이 있는 것일까.' '아니면 대륙의 신화가 여성 신화를 제거해 나가면서 남성 가부장 신화로 재무장했던 과정을 섬은 비껴갔기에 두 섬에 할머니 신화가 남았던 것일까.'

영도 사람들이 영도를 떠나면, 망해서 다시 영도로 돌아오게 된다는 얘기를 들은 적이 있다. 그런데 이 말은 일본 사람들이 악의적으로 지어낸 이야기라고 한다. 오히려 영도 봉래산 할머니는 영도에 오는 사람들을 좋아해서 지켜주고 보살펴줄 뿐만 아니라, 영도 밖으로 나간 사람들이 위험에 빠지는 것을 미연에 방지해주기도 한다는 것이다. 영도 봉래산 할머니는 일종의 수호신인 셈인데, 그 할머니의 섬에서 일본인들은 주로 남항을 중심으로, 조선인들은 주로 봉래산 뒤편 청학동에서 거주했다. 봉래산 할머니는 일본인들도 환대했던 것일까? 아니면 근대화를 앞세운 일제의 탈 주술화의 주문에 걸려 자신의 신력을 발휘할 수 없었던 것일까? 일본의 수탈과 노역에 조선인의 삶은 평탄치 않았다. 하지만 조선인의 삶, 그리고 피란 이후 영도민의 삶은 비극의 터전에 새로운 가능성의 씨앗을 뿌려왔다. 봉래산 할머니의 신력은 오히려 이런 데서 발휘된 것일까?

해초 채취로 강제 노역을 하던 제주 해녀의 삶이 펼쳐지던 곳, 전쟁을 준비하던 일본이 정어리를 정유해 얻은 기름으로 대포에 기름칠하던 곳. 피란으로 생이별을 하던 순간에도 어떤 이는 새로운 만남과 희망을 꿈꾸고, 다른 이는 이 세상과 아주 이별을 고했던 곳. 일본인의 휴양지이자 조선인의 노역지勞役地였던 영도는 아름다운 자연환경과 대비되는 이야기를 지녔다. 영도 자살바위 이야기 그리고 최근 한진중공업 사태 등으로 그 어두운 상처가 지금도 이어지는 듯하다. 하지만, 영도에 난 근대의 상처는 새로운 길을 내고 있다. 직원 30여 명을 거느려도 명절 양복 수요를 못 맞췄다던 명성양복점 사장님의 옛 기억을 타고 넘어, 최근 영도는 부산 문화—예술—교육의 허브가 되려 한다. 필리핀 수빅으로 빠져나갔던 한진중공업의 힘도 서서히 회복세라고 한다. 여전히 영도가 아니면 전 세계 어느 곳에서도 수리하지 못하는 배들이 영도의 오래된 항구를 채우고 있다.

영도는 이처럼 다양한 이중성의 풍경들로 중첩되어 있다. 하지만, 영도는 이 이중의 풍경을 연출한 외지 사람들이 자신의 정체성 잃지 않고 주민으로 살게 했다. 제주 도민회관과 제주은행을 보면서 들었던 생각이다. 그 덕에 피란민도 영도에서 자신의 삶을 펼칠 수 있었던 것이다. 다양한 이주민들이 어울려 살았던 영도를 생각하면, 한국에 종종 발생하는 국제적 난민 수용의 문제는 단순히 거리의 차이에 불과하다. 인종과 문화, 그리고 국가가 다르다면, 정작 글쓴이인 나 역시 난민의 역사로부터 자유롭지 않다. 김수로왕의 자손인 김해 김가는 모두 이 역사로부터 자유롭지 않을 것이다. 허구라고 할지라도 가야의 건국 신화는 어쨌든 외지인(허황후)의 유입과 결합으로 성립된 문화다양성(다문화) 국가 아니었던가.[3] 다수의 신화가 외부와 현지인의 결합으로 탄생한 새로움을 기념하고 축복한다. 이런 신화의 정신과 기억에 충실하자면, 오늘날에도 다양하고 이질적 문화들이 모이는 것을 자연스럽게 여기고, 여기서 새로운 문화가 꽃피우도록 축복할 일이다. 이런 생각이 들면 정작 다문화와 대비되는 단일문화(순혈주의 문화)라는 게 있기나 한지 묻고 싶다.

---

3. 다문화라는 말은 최근 새로운 차별을 지칭하는 말이 되어서 되도록 사용하지 않는 게 좋겠다. 왜냐하면 다문화는 현재 외국인, 후진국 사람, 열등한 이방인의 의미를 대용한 새로운 차별의 언어로 작동하고 있기 때문이다. 그럼에도 굳이 사용한 이유는 다문화를 차별적으로 사용하는 사람들이 정작 그 차별적 말을 자신에게도 적용할 수 있다는 것을 보여주기 위해서다.

　한국의 단군신화는 제국 일본의 힘을 제지하고 방어하는 데 도움을 준 역사가 있다. 하지만, 이것은 동시에 인권침해를 정당화하는 국가폭력의 수단, 즉 국가폭력을 정당화하는 허구적 수단으로 쓰일 수 있다. 이미 베네딕트 앤더슨이 이야기했듯, 이러한 단일 신화는 허구적 상상력의 산물이다. 하지만, 이런 허구가 해악을 낳는다면, 허구는 단일을 넘어선 획일이 될 것이고, 획일은 이미 확연한 폭력이다. 단일이나 획일이라는 허구가 주는 해악이 인지되었다면, 이젠 새로운 상상력으로 이 해학과 폭력을 풀어갈 지혜가 필요하다.

　영도는 그 상상력에 중요한 계기를 제공한다. 영도 밖 부산에도 이런 공간이 있다. 중국과 러시아 그리고 동남아시아인들이 자신의 정체성을 유지(?)하면서 사는 부산역 인근의 차이나타운과 텍사스촌(텍사스라는 명칭은 지나치게 친미적이지만). 그 이전에 수영(현재는 센텀시티 인근 반여동)에 베트남 난민 수용소도 있었다. 그보다 더 오래전에 일본인들이 평화적으로 거주할 수 있도록 허용했던 왜관도 있었다. 바다와 맞닿아 있어 영도나 부산이 외부의 유입과 정착이라는 사건과 마주칠 수밖에 없었다고 한다면, 부산과 영도는 유입과 정착이라는 이방성[4]을 창조적 상상력으로 변주할 수 있는 충분한 저력을 가진 곳이다. "영도는 부산이다."라는 말도 이렇게 해석할 수 있다. 다양하게 중첩되는 이중성과 이방성이 새로운 상상력으로 변주되어야 한다는 기대를 품을 수 있는 곳이 영도와 부산이다.

영도에 부는 재생의 바람과 숨결은 곧 부산을 위한 재생의 숨결이 될 것이다. 하지만 이런 가능성이 비단 영도나 부산에만 한정된 것은 아닐 게다. 지구상에 이방성이 없는 그 어떤 장소도 없으니. 이방인으로 남을 권리를 없애려는 그 모든 곳에는 단일성과 획일화의 전운이 똬리를 틀게 될 것이다. 이중성과 이방성의 숨결이 창조적 상상력을 통해 현실화할 때, 영도와 부산의 재생은 비로소 호흡곤란에서 벗어날 것이다. 하지만 부산의 호흡은 여전히 가쁘고 곤란하기만 하다. 파괴와 제거의 폭력이 산더미처럼 쌓아 올린 상흔을 눈앞에 두고 1년에 걸친 연재를 마무리하려니, 양 눈이 터진 채 그려진 그림 하나가 생각난다. 〈앙겔루스 노부스〉. 새로운 천사이자, 역사의 천사는 구제할 수 없는 과거의 파편이 산더미처럼 쌓이는 것을 눈앞에 두고, 개발과 발전이라는 광풍에 밀려, 약진을 위한 망각과 무시의 선언에 밀려 부단히 미래로 미래로 내몰

---

4. 이방성이라는 말은 게오르그 짐멜의 정의에 따른 것으로, 짐멜은 이방인과 나그네 또는 방랑자를 다음과 같이 구별한다. 이방인은 오늘 왔다 내일 머무는 사람이고, 나그네 또는 방랑자는 오늘 왔다 내일 떠나는 사람이다.

린다. '이제 그만 민생을 생각하자'는 식의 섣부른 화해와 섣부른 용서, 섣부른 통합의 기치가 나부끼는 곳은 언제고 다시 그 상처가 심각한 염증으로 도지기 마련이다. 외면한다고 상처가 사라지는 것도 아니다. 덜 아프기 위해서라도, 다음 사람들이 같은 고통과 상처를 받지 않기 위해서라도, 진정한 평화를 모색하기 위해서라도 고통과 상처를 직시해야 한다. 그러니 내 몸 살피듯 신중히 주변의 상처를 보자. 이는 기억과 역사라는 이름으로 도시 부산의 근대에 촘촘히 새겨져 있다. 상처의 결을 살피고 치유하는 새로운 천사는 멀리 있지 않다.

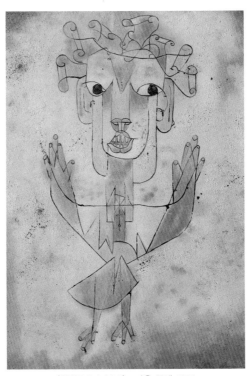

〈앙겔루스 노부스〉_ 파울 클레_1920

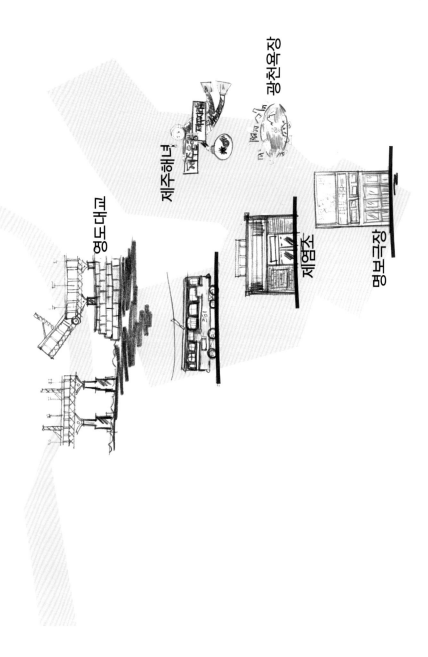

광천옥장

제주해녀

영도대교

제염조

명보극장

수정동 산복도로,
어느 골목의 기억 도시의 상상

질주에 기반을 둔 기동성의 사회 속을 산책한다는 것은 속도에서 이탈하는 것이며, 유용성이나 실용성에서 끊어지는 것이며, 목적에서 끊어지는 것이다. 산책은 자본의 측면에서 보면 쓸데없이 불온한 방황meandering이지만, 인간적인 측면에서 보면 걷는 것 자체가 목적go for a walk인 자기목적 행위다.

초량 어느집 벽

산책할 때, 전혀 다른 감각과 전혀 다른 생각이 발생하는 것은 어쩌면 당연한 일일 터. 질주경은 다시 느린 풍경이 된다. 이내 후각이 회복되며, 귀와 몸을 때리던 바람은 잊힌 소리와 감각을 돌려준다. 또한, 산책은 우리를 잊힌 과거의 파편으로 순식간에 되돌리며, 과거와 미래를 견주는 현재의 긴장 속에 우리를 남겨둔다. 목적을 향해 질주하는 정신의 팽팽한 긴장을 뚝 끊어야 비로소 물속 머리칼처럼 한들거릴 수 있는 기억과 감각의 순례.

걷다 보니 자연스레 오래된 사적 기억들이 소환된다. 지인을 통해 본 철거된 초량의 어느 집 사진 하나로 이미 울컥했던 터였다. 빈방 벽에 예쁘게 접힌 색종이 사진. 그러나 그 사진이 있는 집은 곧 철거될 예정이었다. 지금은 부재하지만, 이전에 저 방을 가득 채웠을 삶과 이야기. 사진 속 색종이가 그 기억을 든든히 붙들고 있었다.

예전에 내 아버지였으면 좋겠다고 생각했던 분이 있었다. 우리 집에 세 들어 사시던 아래층 아저씨인데, 폭력적이고 무뚝뚝한 아버지보다 늘 웃으며 말을 걸어주시던 아저씨, 주말에 목욕하러 가면, 아들과 함께 목욕탕에서 서로 얘기를 주고받다가도 혼자 온 날 발견하시곤, 웃으시며 내 등을 밀어주시던. 그런 아저씨가 내연녀를 목 졸라 살해하고 감옥에 간 뒤, 피해자 가족의 협박에 남은 가족이 야반도주했고, 그 어지러운 빈방을 나 혼자 청소했어야 했던 기억과 저 색종이의 이미지가 겹친다. 서둘러 이사 간 흔적이 역력했던 빈 방바닥에 딸아이가 엄마를 위로하며 남긴 편지가 떨어져 있었다. 혼자 청소하며 그 편지를 펼쳐서 읽었던 어느 일요일 오전 기억이 산책하는 동안 밀려온다. 수정동 산책은 그렇게 시작되었다.

권명희 씨라는 분이 계셨다. 기륭전자의 비정규직 사원이'었'다. 문득 그분도 아마 이런 길 어딘가에 살고 계셨을 것 같다는 생각. 기륭전자의 간부들을 인터뷰한 영상에서 정작 간부들은 회사 앞에서 시위하는 사람들이 누군지도 모른다며 떳떳하게 너스레 떨던 장면이 생각난다. 기륭에서 해고된 일상인들은 간부들의 말을 통해 자신의 흔적조차 기억되지 않는 존재가 되었다. 기억되지 않는 것을 존재의 미덕(?)으로 여겨야 하는 비정규직. 서러움이 운명이 된 삶. 권명희 씨의 죽음은 미디어에서조차 제대로 조명되지 못해 기억 밖으로 밀려난 파편이 되었다. 죽음으로 호소해도 아무도 그 호소조차 감지하지 못하던 은폐된 현실. 존

재조차 없었던 것으로 취급되는 지독한 아이러니를 품고 있던 그 현장
을 빠져나와 상한 몸을 뉘던 곳이 우리가 걷고 있는 일상이지 싶었다. 가
까이 다가간 일상은 그리 유쾌한 기억만 있는 건 아니다. 나도 비정규직

주차장의 참다래

집과 나무가 얽힘

교수며, 학교에서는 정식 교원으로 인정되지 않는다. 천천히 걷는 동안 내 기억도 파도치듯 들고나기 시작했다.

낯선 곳을 걷는다는 것은 느닷없는 경험에 대비해야 한다는 것을 의미한다. 이 느닷없음은 도심 한가운데, 그것도 주차장을 덮는 지붕에 커다란 다래가 열려 있는 것을 경험해야 한다는 뜻이며, 거대한 나무가 집을 뚫고 들어가서 나무와 집이, 돌과 목재가 얽혀서 공존하고 있는 기묘한 집을 경험해야 한다는 뜻이다. 걷던 길이 대부분 옛 물길이었다는 것, 주차나 차량 이동에 방해가 되더라도, 집의 축대에 바위 두 개쯤은 삐죽 튀어나와야 한다는 비상한 감각을 경험해야 한다는 뜻이기도 하다. 어느 절의 벽화에 산수가 그려져 있고, 담 아래 축대와 만나는 곳에 돌이 튀어나온 채 벽의 산수화와 절묘한 조화를 이루도록 남겨둔 느닷없는 풍경, 그리고 그 틈을 비집고 나온 자생초들이 그림과 바위와 어우

바위가 튀어나온 축대

절의 산수화와 바위

러지는 느닷없는 쾌락을
경험해야 한다는 뜻이다.

이런 경험은 장소에 대
한 경험에 그치지 않는
다. 지나가던 할머니와의
우연한 만남과 초청제의
로 일행은 할머니가 사시
는 집인 국일아파트 내부
를 볼 수 있었고, 거기서
수정과 초량의 전경, 심
지어 부산항 전체를 한눈
에 내려다볼 수 있었다.

국일아파트 내부

실 전화와 골목소리

골목을 매개로 주민과 방문객들이 만날 수 있는 골목콘서트가 이어졌다. 낯선 이에 대한 위험을 뒤로 하고 실낱같이 이어지던 골목의 인연이 골목에서 실 전화기로 전해지던 소리 같다.

화이트 큐브의 전시와 달리 일상 자체가 전시가 된 산책. 마치 아무것도 작업하지 않은 듯하지만,

골목 콘서트

꽤 묵직한 사전 작업이 있었음을. 그 사전 작업이라는 게 두꺼운 시간의 먼지를 걷어내는 작업이었음을. 오래된 먼지를 닦아내고 드러난 반짝이는 표면. 이 무위無爲 같은 인위人爲는 한때 시끄러웠던 단색화의 인위를 충분히 넘어서는 일상의 저력을 드러냈다. 부재한 듯 존재하는 일상의 관성, 무의미한 줄 알았던 일상의 의미들이 산책을 통해 되살아났다. 부재한 줄 알았던 것이 존재로 전환되는 순간, 신비와 경이를 경험하기 마련이다. 마치 하이데거가 고흐의 구두 그림을 통해 존재를 경험했던 것처럼 말이다.

동네 살던 미장 노동자가 각 주택의 장식으로 표출한 자신의 미적 감수성들이 각축하던 골목길, 축대를 휘감던 담쟁이넝쿨들, 독수리와 시계로 현관 바깥을 장식해두던 집들, 그 집들 사이로 만들어진 골목, 예전의 물길을 여전히 증언하던 골목의 물소리, 도시의 소음이 일시에 차

단되던 기묘한 공간을 걸으며, "이런 행사가 아니면 내가 언제 이곳을 지나다닐 수 있었을까."를 반복적으로 되뇌었다.

산책을 거의 마무리할 때쯤, 건물을 포위한 채 대규모 철거와 재개발이 진행되고 있던 초량 일맥 문화재단 입구에 도착했다. 개발이라는 파국으로 얼룩진 자본의 세계 앞에

서 산책의 흥취는 금방 색이 바랬다. 산책 초기의 기억이 다시 귀환한다. 멀리서 보면 희극이고 가까이서 보면 비극이라던 채플린의 말도 같이 귀환한다. 관조자의 무례를 주의하면서도 개발을 빙자한 철거의 무심한 파괴를 경계하던 수정동 골목의 기억은 주거가 시장이 된 장소로 불시착했다. 언제 터질지 모르는 경제 폭탄이 된 주거, 그런데도 어떤 사람은 그런 폭탄조차 없어 애타고 절망하는 또 다른 일상. 겨우 200년 남짓한 역사를 지닌 자본주의 시장 논리가 저지른 일이다. 부산에만 수년 동안 100여 건이 넘는 재개발이 동시에 진행되고 있다는 사실은 곧 무수한 사람의 삶과 기억이 깡그리 철거된다는 것을 의미한다. 이것이 산책이 계속되어야 하는 이유다. 철거의 질주경을 깨버리는 가로지르기와 파열. 그 틈에서 생기는 느닷없는 경험과 예측 불가능한 만남. 이를 통해 재편되고 재인된 감각. 철거된(될) 기억의 복원과 보존. 이를 통해 앞으로 도래할 가능성을 열어 두기 위해서.

우키시마의 세월

　2015년 4월 18일 민주시민교육원 나락한알은 두 번째 열리는 원도심 축전 행사 중 하나로 원도심 해설 행사를 진행하게 되었다. 행사의 내용은 연안여객부두 옆 수미르 공원에 있는 우키시마호浮島號 추모비 해설과, 부산포를 오간 수많은 문화, 예술인들의 삶에 대한 해설이었다. 약 스무 명의 참가자들이 수미르공원에 모여 우키시마호 사건에 대한 이광호 나락한알 운영위원장의 해설을 듣는 것으로 행사는 시작되었다.

　1945년 8월 22일 일본에 강제로 끌려갔던 한국인들 중 일부가 해방된 조국으로 돌아오기 위해 귀국선 제1호인 우키시마호를 타고 아오모리현青森의 오미나토大湊에서 부산을 향해 출항을 했다. 그러나 불과 이틀 만인 8월 24일 교토부京都府 마이즈루만舞鶴灣에서 의문의 폭발과 함께 배가 가라앉아버렸다. 최소 7000명에서 최대 1만 5000명을 헤아리는 희생자를 낸 사고. 타이타닉의 희생자가 1523명이라니 실로 엄청난 사고였다.

사고 경위는 이렇다. 1945년 8월 15일 해방, 아오모리현과 홋카이도 北海道에 강제로 끌려왔던 수많은 재일 조선인들은 귀국을 희망하였다. 이를 위해 아오모리현 시모기다下北 반도에 있는 무쓰 시むつ市의 항구인 오미나토에 모여 고국으로 가는 배를 기다렸다. 일반적으로 조선인들의 본국 송환은 9월부터 시작될 예정이었다. 그런데 8월 18일, 오미나토 해군경비부의 일본 해군은 조선인들을 우키시마호에 승선시켜 돌려보낸다고 발표한다. '떠 있는 섬浮島'이라는 뜻의 우키시마호(4,730톤급)는 군수물자의 수송을 담당하는 특별 운송선으로 길이가 108m나 되는 거대한 배다.

그런데 당시 오미나토에는 일본 해군이 도중에서 배를 침몰시켜 조선인들을 모두 죽일 것이라는 소문이 돌고 있었다. 그러자 일본 해군은 조선인들이 집단 폭동의 조짐을 보인다는 둥, 그래서 빨리 본국으로 송환하지 않으면 큰일을 치를 것이라는 유언비어를 퍼뜨렸다. 조선인들에게는 식량 배급까지 중지하고선, 우키시마호에 타지 않으면 영원히 고국에 돌아가지 못한다는 선전물을 뿌려, 조선인들을 모두 우키시마호에 태우기 시작했다. 승선하는 사람들의 명단이나 인원을 점검조차 하지 않은 채. 뒤늦게 도착한 이들도 모두 거룻배에 실려 배에 태웠다. 승선이 완료되고도 꼼짝 않고 꼬박 하루를 더 머문 우키시마호는 드디어 8월 22일 오후 10시경 부산으로 출항했다. 그러나 우키시마호는 8월 24일 돌연 음료수를 보충해야 한다며 교토부 마이즈루만으로 진로를 변경한다. 그리고 오후 5시 20분쯤 헤비지마(蛇島) 앞에 멈추어 있을 때

'콰' 하는 폭발 소리와 함께 두 쪽으로 꺾여 순식간에 침몰한다.

해방 직후 아오모리현에 있던 일본 해군은 자기네들의 왕이 항복했다는 사실에 강한 불만을 품고 있었고, 전쟁을 계속해야 한다는 강경한 입장을 보였다. 그들이 보기에 조선인은 이제 폭도로 돌변할 수도 있고, 군 시설물을 만드는데 동원한 조선인들이 기밀을 누설하지 않게 할 필요성도 있었다. 물론 조선인들에 대한 학대 사실도 은폐해야 했다. 심지어 우키시마호의 일본인 선원과 해군은 부산에 도착한 후 자신의 안전을 보장할 수도 없는 상태였다. 이러한 정황은 모두 우키시마호의 의도적 폭침을 겨냥하고 있었다.

우키시마 폭침 후 1945년 12월, 생존자들이 일본 정부를 고발했으나 일본을 점령한 연합국 사령부는 증거 불충분으로 이를 기각한다. 이에 대한 일본 측 입장은 미군 어뢰나 기뢰에 의한 폭침이었다. 그러나 80년 일본이 우키시마호를 해체하기 전에 파열구가 안에서 밖으로 있었다는 보고를 생각하면 이는 책임회피의 의도일 뿐이다. 이는 어뢰나 기뢰 등 외부적 충격에 의한 폭침이 아니라는 것을 뜻한다. 심지어 마이즈루만 진입 당시 기뢰 없음, 안전이라는 부표를 본 사람도 있다.

침몰한 배를 9년이나 방치해 두던 일본은, 1954년이 되자, 전쟁을 치른 한국에 철을 수출하려고 이이노飯野 중공업주식회사에 선체를 인양토록 지시한다. '희생자들의 유골 수습을 위해서'가 아니었다. 인양된 배에는 희생자들의 유골이 곳곳에 널려있었다고 한다. 그런데 배를 인양할 때 균형 장치balanced tank 부분은 360톤의 돌이 들어 있어서 그 무게 때문에 인양을 포기했다. 정원이 훨씬 초과한 배에 돌을 360톤이나 실었다는 것은 정상적으로 이해하기 힘들다. 이 역시 침몰 속도를 빠르게 하려는 일본 측의 의도라는 의심을 불러일으킨다. 1980년 중반, 일본인 잠수부들의 보고에 따르면, 마이즈루만 바닷속에 엄청나게 많은 유골들이 수습되지 못한 채 이리저리 널려 있었다.

수미르공원에 있는 우키시마호 폭침 추모비는 상단에 파도를 새긴 배 모양의 석조물이다. 석조물의 왼편에는 폭침을 의미하는 거대한 구멍이 나 있다. 그리고 상단의 파도 위에는 북두칠성을 상징하는 일곱 개의 돌이 있었다. 북두칠성은 고국으로 돌아오는 조선 사람들에게는 일종의 나침반 같은 것이었는데, 현재 파손되어 세 개의 돌만 남아 있다. 2019년인 지금도 여전히 추모비는 파손된 채 '바르게 살자'라는 거대한 비석 옆에 웅크리고 있다. 비석에 쓰인 글 중 "파도라도 내 땅에 이

는 바람이라도"라는 글은 김지하의 친필 글씨이다. 현재 그 정치적 입장이나 태도를 생각하면, 그가 이 비문을 쓸 자격이 있는지 의심스럽다.

파손된 추모비를 생각하더라도, 우키시마호 사건은 다시 기억되고, 새로 작성되어야 한다. 수천 가지 의문을 남긴 채, 우키시마호 문제는 현재진행형이다. 2019년 No 저팬 운동으로 잠시 이슈화되다가 지금은 다시 감감무소식이다. 조선과 한국으로 이어지는 긴 세월 속에서 제대로 풀어낸 매듭은 과연 얼마나 될까? 동학농민혁명의 궤멸에서 출발하여, 일제를 청산하려던 반민특위의 실패, 반독재와 민주주의를 향한 민중의 힘이 표출되었던 4·19, 10·16, 5·18, 6·10의 미완을 생각하자면, 채 인양되지 않은 과거가 지금까지 마르지 않는 눈물과 비애의 세월로 이어지고 있는 듯하다. 침몰한 과거를 인양하자는 요구가 시민들 앞으로 소환되고, 또 소환되는 이유다. 그리고 그 비애의 세월 끝에 4·16 참사가 있다. 인양되지 않은 과거가 거대한 망치가 되어 역사의 몸통을 부수고 기어이 난입했다. 귀환한 그 폭력이 다시 수많은 희생자를 냈다. 4·16도 현재진행형이다. 벤야민의 새로운 천사(Angelus Novus 또는 역사의 천사)가 개발이라는 광풍에 휩쓸려 미래로 떠밀려가면서도 슬픈 눈을 떼지 못했던, 아직 구조되지 못했던 과거의 잔해들……. 산더미처럼 쌓인 잔해들의 절규가 진도의 대조기를 만드는 걸까……. 인양되어야 할 진실이 지금 우리 앞에 있다.

걷다가 근대를 생각하다
사용설명서

우리는 왜 도시를 산책할까요?

이 설명서는 크게 세 가지 전략을 택하고 있습니다. 그것은 산책을 통해 우리가 살고 있는 지평을 ①비판하고 반성하는 것이고, 이를 통해 문젯거리들을 ②해체하고 어긋 내어 새로운 질문을 생산하는 것이며, 최종적으로 이러한 해체와 의문이 새로운 생성의 활력으로 귀결되도록 ③상상하고 구성하는 것입니다. 비록 우리의 산책이 갈지자之처럼 이리 저리 지그재그로 진행된다고 할지라도, 이 역시 산책이라 하겠습니다. 산책이란 어차피 목적 없는 순례이므로, 목표를 앞둔 직선의 행진과는 처음부터 다른 걸음걸이입니다. 이는 '근대'가 질주했던 직선의 기하학을 '어긋 내는' 걸음이기도 합니다. 이렇다 할 목적은 없으나, 근대의 기하학적 일상을 어긋 낼 잠재력을 가진 산책은 곧 생성의 힘이자, 인문학의 힘입니다. 이 책이 희망하는 바이기도 합니다. 그러므로 목적 없는 산책은 새로운 생성을 위한 우발성의 미학이자, 기존의 것을 뒤집고 의문에 부치는 저항의 걸음걸이가 아닐까요? 우리는 이렇게 산책을 시작합니다.

산책 1. 비판하고 반성하기

도시는 근대성의 산물입니다. 새로움이라는 뜻의 근대성이라는 말이 보여주듯, 근대도시는 이 '새로움'의 강박에 휩싸여, 전통(오래된 것)을 뿌리째 뽑으려던 상흔을 도시에 새겼습니다. 그렇다면 근대 도시는 기존의 것에 상처를 주고 만들어진 일종의 도시와 도시민의 '트라우마'입니다. 우리의 산책은 이 상처받은 것들에 대한 감수성을 가져야 할 것입니다. 더 좋아질 것을 위해, 더 나은 개발이라는 명목으로 단숨에 '의미 없음'을 선고받고 낙인이 찍힌 것들, 그래서 주변으로 밀려나거나 사라진 것들에 대한 관심. 우리의 산책은 이 관심에서부터 출발해야겠습니다. 이 관심을 통해 근대성이 관철하려 했던 힘 또는 폭력의 구도를 반성하고 비판하며 임계를 부여함으로써 새로운 화해를 모색하고 싶습니다.

도시가 입은 상처는 도시민에게도 스밉니다. 흔히 도시에서 도시민으로 살려면 수없이 많은 외부적 자극들에 어느 정도 면역이 되어야만 하지요. 이를 '시민적 무관심'이라고 표현합니다. 그러나 이런 시민적 무관심과 원자처럼 고립된 삶이 기어이 도시민의 병리학을 연출합니다. 군중 속의 고독이 고독사로 이어지더니, 이제 이 소극적 감정이 각종 혐오와 멸시 그리고 증오라는 적극적이고 괴물 같은 감정으로 표출되고 있습니다. 우리의 산책은 이러한 시민적 무관심과 시민적 병리를 반성하고 탈피하려는 정처 없는 걸음입니다. 어쩌면 이렇게 함께 걷는 일은 일종의 느슨한 공동체의 걸음일지도 모르겠습니다.

산책 2. 해체하고 어긋 내기

도시라고 하는 공간은 자본과 자본의 권력을 구현하기 위해 기능적으로만 분절된 효율성의 공간입니다. 이러한 공간은 결국 기능적인 인간을 제조하였고, 그 덕에 관계성을 잃어버린 채, 기능적으로 서로 접속하고 탈속하는 비인간적인 관계들을 생산하기에 이르렀습니다. 어쩌면 도시라고 하는 곳은 이러한 인간과 관계를 양산하는 거대한 인큐베이터 또는 매트릭스Matrix에 다름 아니지요. 우리는 산책을 통해 이 도저到底한 메트릭스에서 벗어나고자 합니다. 산책은 기능적 도시에서 공통적인 삶이 삭제된 채 살 수밖에 없는 상황을 '교란derangement'하고 해체deconstruction는 작업입니다. 이는 단순히 기능적인 공간으로 고착되어 있는 도시의 정체성을 탈피하려는 노력이 될 것입니다. 물론 이러한 교란 작업은 근본적으로 근대성(기능주의적이고 효율적인 도식, 수단-목적합리성이라는 도식)을 어긋 내는 실천일 것입니다.

산책은 또한 도시가 가진 스펙터클한 이미지에 균열을 내는 것이기도 합니다. 산책은 서로를 수단화하는 시선, 서로를 기능적으로 쳐다보는 시선을 부끄럽게 할 것이며, 이 시선을 해체하고 교란함으로써, 새로운 응시와 새로운 미소로 새로운 관계를 생산하거나 찬란히 빛났던 옛 관계를 복원하는 순간을 창출할 것입니다. 유토피아적 미래를 생산하든, 유토피아적 과거를 복원하든, 지금 하는 산책은 과거와 미래의 치열한 긴장의 줄을 타는 일이 될 것입니다. 우리는 이 긴장감을 희망이자 생의 잠재성이라고 표현하고 싶습니다.

이 줄타기를 즐기기 위해서는 가장 먼저 우리 옆에 있는 일상적이고 소외된 것, 그래서 무관심하게 지나쳤던 것에 새로운 의미를 부여하려는 응시로 시작해야 합니다. 아니, 오히려 그 의미는 정작 우리가 부여하는 것이 아닙니다. 왜냐하면 그 의미는 이미 소외된 것들이 기존에 가지고 있었던 것이었고, 다만 우리가 그 의미를 간과했거나 무시했기 때문입니다. 그러니, 우리의 깨달음이란 소외된 것들이 우리가 간과했던 의미를 일깨우는 일종의 경고이자 선물입니다. 그러므로 산책은 소외된 것들이 자신을 바라볼 수밖에 없도록 내 시선을 끄는 힘의 흐름을 타는 것입니다. 그 흐름 속에 내가 열리는 체험이 산책이라면, 산책은 일종의 세속적 계시이자 일상의 깨달음을 체험하는 여정입니다. 그렇기 때문에 산책은 도시를 향한 손쉬운 냉소와 절망으로 전락하지 않습니다. 산책 덕분에 우리의 일상이 새로운 의미를 생산할 수 있는 가능성으로 가득 찬 거대한 창고이자 책, 그리고 도서관임을 알 수 있습니다. 아우구스티누스가 그랬다죠? 세상이 우리가 꼼꼼히 읽어나가야 할 책인 거지요.

그렇다면 도시는 산책을 통해 매번 지우고 새로 쓸 책이자 도서관입니다. 그러므로 인문학 공부와 독서는 책에 갇힌 행위가 아닙니다. 책의 경계를 뚫고 세상으로 나가야 하는 작업이 인문학 공부와 독서입니다. 비단 인문학 공부나 독서만 그런 것도 아닙니다. 어쩌면 우리가 일상 어디에서든 어떤 것으로도 그리해야 할 것입니다. 산책은 바로 그런 삶을 살아내는 것이라 할 수도 있겠습니다. 이런 산책은 삶을 포로로 만든 거대한 힘의 틈새를 발견하고, 여기에 균열을 내고, 이를 통해 식민화된 삶을 해방하는 방편이 될 것입니다.

『걷다가 근대를 생각하다』는 산업으로서의 투어리즘tourism과도 거리가 멉니다. 기능적이고 효율적인 여정을 위해 경험과 깨달음이 제거된 투어리즘으로, 자본의 이익을 위해 매끄럽고 스펙터클한 경험—상품을 제공할 뿐인 투어리즘으로서의 관광은 기능적 도시의 상품성을 비정상적으로 증폭시키고, 소외된 가치를 더욱 소외시키고 격리할 뿐입니다. 그런 점에서 우리의 산책은 처음부터 어긋 내는 것이었기에, 기능성과도, 산업과도, 자본과도 어긋나 있습니다. 이 어긋 냄으로 무엇이 생성될지 기대되지 않으신가요?

산책 3. 상상하고 구성하기

산책은 어긋 내고 해체하고 교란하는 행위였습니다. 이는 일상日常 속에 숨은 비상(非常 또는 秘常)함을 발견하고 소외된 것을 새롭게 응시하는 일이었지요. 이를 위해 우리는 과거와 현재 그리고 미래를 잇는 통시적 시선chronic gaze을 가져야 하고, 또한 지금을 기점으로, 주변의 맥락과 지평을 살피는 공시적synchronic gaze 시선도 가져야 합니다. 이 응시로 현실을 해석하고 비평하는 것은 앞서 언급했듯 상처를 진단하고 치료하는 일입니다. 산책의 마지막 단계에는 치료적 상상력이 필요한 것이죠.

우리는 결코 혼자 산책하지 않습니다. 앞서 언급했듯 우리는 함께 걸음으로써 원자론적이고 독백적인 개인주의의 결, 무심한 시민의 고립된 결을 느슨한 코뮌의 실천으로 엮어내려 합니다. 산책의 상상력은 기능적으로 분절된 공간과 관계를 새로운 방식으로 매듭지어줄 수 있을 것입니다. 산책의 상상력은 새로운 지식과 실천을 구성하기 위한 기본 조건입니다. 그래서 우리가 남긴 발자국이 새로운 결이 되기를 바랍니다. 산책을 통해 생산된 지식은 구체적 삶의 맥락과 끊어진 채 추상적으로 획득된 지식과는 다를 겁니다. 따라서 우리가 산책을 통해 생산하게 될 지식은 우리가 읽고 들었던 책 속의 지식을 완성하는 실천이며, 내가 추상적으로 배웠던 지식을 기어이 삶에 착근rooted시키는 실천이 될 것입니다. 이러한 실천은 우리의 지식과 감성 심지어 몸을 바꾸는 일이며, 우리가 걸었던 지역을 바꾸면서 지역의 지도를 새롭게 그려내는 일이 될 것입니다.

우리가 바뀌고 우리가 생산된다는 것은 우리의 한계를 벗어나는 일이며, 우리가 다양하다는 것을 인정하는 일입니다. 그러므로 우리가 그리는 지도는 단일성이나 획일화된 문화를 만들기보다는 다양성을 존중하는 시대와 문화를 열게 될 것입니다. 지도에 등장한 장소와 사람이 실로 다양하다는 것은 우리 안의 다양한 정체성을 인정하는 것이자, 서로의 다양성과 차이를 인정하고 존중하는 일입니다. 산책은 일종의 다양성과 존중의 정치인 셈이죠. 이렇게 생산된 다양한 정체성은 또한 타지역 및 타지역 사람들과 교류하는 산책을 통해 더 많은 활력을 갖게 될 것입니다. 우리의 산책이 비단 도시 내부와 소통하는 것뿐 아니라, 도시 외부와 소통한 이유이기도 합니다. 정치가 뭐 별것인가요? 정치가 새로운 힘을 생성시키고 흐르게 하는 것이라면, 산책도 정치일 수밖에요. 산책은 혼탁한 기존 흐름을 새롭게 순환시키고, 막힌 일상을 새롭고 비상하게 흐르도록 하는 힘이니까요.

산책이 가져다준 이론적 활력과 실천적 활력으로 우리는 우리 삶에 대한 역량을 키울 수 있습니다. 이는 개인 수준에서 자율성과 정체성의 활력을 생산하는 일일 테지만, 우리의 소통과 상호작용을 통해 공통적 삶에 대한 활력도 키우게 될 것입니다. 공통 삶의 활력을 키워나가는 산책은 정치 중에서도 일상의 정치 또는 생활 정치라 할 수 있습니다. 생활 정치는 문화적 삶과 사회적 삶 그리고 일상의 삶에 활력을 불어넣음으로써 공식적 정치의 변화도 꾀할 수 있습니다. 이 활력은 행정(권력)이나 시장(권력)의 관성에 우리 삶을 의탁하여 무력하게 고사枯死되는 비극을 막는 일이기도 합니다.

나락한알과 B–art가 기획한 〈도시 부산, 근대성의 상처들〉 프로젝트는 아주 작은 걸음들이 남긴 흔적에 불과합니다. 그러나 우리 스스로가 우리의 상상력과 역량을 무시하지 않는 한, 이미 작은 활동은 아닐 겁니다. 이미 산책을 통해 나–너, 우리–세계가 함께 변하는 것을 기대하고 경험하고 싶으니까요. 이런 욕심이 생기는 것도 모두 산책이 가지고 있는 저력입니다. 산책로가 생의 접는 선이 되어 현실과 상상력의 물감이 서로 교감하고 교차하는 아름다운 데칼코마니가 되기를 바라봅니다, 매번 새로 하는 산책이 새로운 물감으로 다시 접고 펴기를 반복할 수 있도록, 그래서 다양한 생의 데칼코마니'들'이 생길 수 있도록, **"우리 다시 한번 더 걸으실까요?"**

참고문헌 및 사이트

강서구, 『외양포 실태조사 및 발전방안연구용역』, 상지건축사사무소+동아대역사이론연구실, 2016.

김덕영, 『짐멜의 모더니티 읽기』, 새물결, 2005.

남구청, 『남구의 민속과 문화』, 부산남구민속회, 2001.

동아대학교산학협력단, 『구 한성은행 부산지점(청자빌딩) 조사 및 진단 용역 결과보고서』, 부산광역시, 2016

동아대학교역사이론연구실, 『제공사설계서諸工事設計書 NO.25』의 「부산제1호공사결정계획釜山第1号工事訣計画」 및 「외양포배치도外洋浦配置図」, 동아대학교역사이론연구실 지도제공

마샬 버만, 윤호병 역, 『현대성의 경험』, 현대미학사, 2004.

박요민 외 3인, 「부산 피난이주지 소막마을의 형성과정과 변화특성」, 『대한건축학괴논문집』 제 30권 9호, 2014.

발터 벤야민, 조형준 역, 『아케이드 프로젝트 1』, 새물결, 2005.

발터 벤야민, 최성만 역, 「폭력 비판에 대하여」, 『역사의 개념에 대하여/폭력비판을 위하여/초현실주의 외』, 길, 2008.

부산시사편찬위원회, 『부산의 자연마을』, 부산시, 2011.

부산시사편찬위원회, 『부산지명총람』 제3권, 부산시, 1997.

서만일, 「한국전쟁기 부산지역의 피난민유입과 정부의 대책」, 동아대 석사학위논문, 2009.

앙리 르페브르, 정기헌 역, 『리듬분석: 공간, 시간, 그리고 도시의 일상생활』, 갈무리, 2013.

이안 제임스, 홍영경 역, 『폴 비릴리오: 속도의 사상가』, 앨피, 2013.

조르조 아감벤, 김항 역, 『예외상태』, 새물결, 2009.

조성기, 「부산의 시가지 성장에 관한연구」, 부산대학교, 1984.

차철욱, 공유경, 「한국전쟁 피난민들의 정착과 장소성」, 『석당논총』 제47집, 2010.

폴 비릴리오, 이재원 역, 『속도와 정치: 공간의 정치학에서 시간의 정치학으로』, 그린비, 2004.

http://www.jejutour.go.kr/contents/?act=view&mid=TU&seq=387

걷다가 근대를 생각하다

2020년 3월 2일 초판 1쇄 펴냄

공저 ┃ 김동규, 홍순연
펴낸이 ┃ 박윤희
펴낸곳 ┃ 도서출판 소요-You
디자인 ┃ 윤경디자인 070-7716-9249
등록 ┃ 2013년 11월 12일(제2013-000009호)
주소 ┃ 부산시 중구 대청로137번길 11
전화 ┃ 070-7716-9249
팩스 ┃ 0505-115-5618
전자우편 ┃ pyh5619@naver.com

ⓒ 2020, 소요-You
ISBN 979-11-88886-10-4
값 15,000원

이 도서의 국립중앙도서관 출판예정도서목록(CIP)은 서지정보유통지원시스템 홈페이지
(http://seoji.nl.go.kr)와 국가자료종합목록 구축시스템(http://kolis-net.nl.go.kr)에서
이용하실 수 있습니다.(CIP제어번호 : CIP2020007591)

*잘못된 책은 구입하신 곳에서 바꿔드립니다.